PLAN DE L'EMBOUCHURE DU PÉ-HO
et de ses ouvrages de défense.

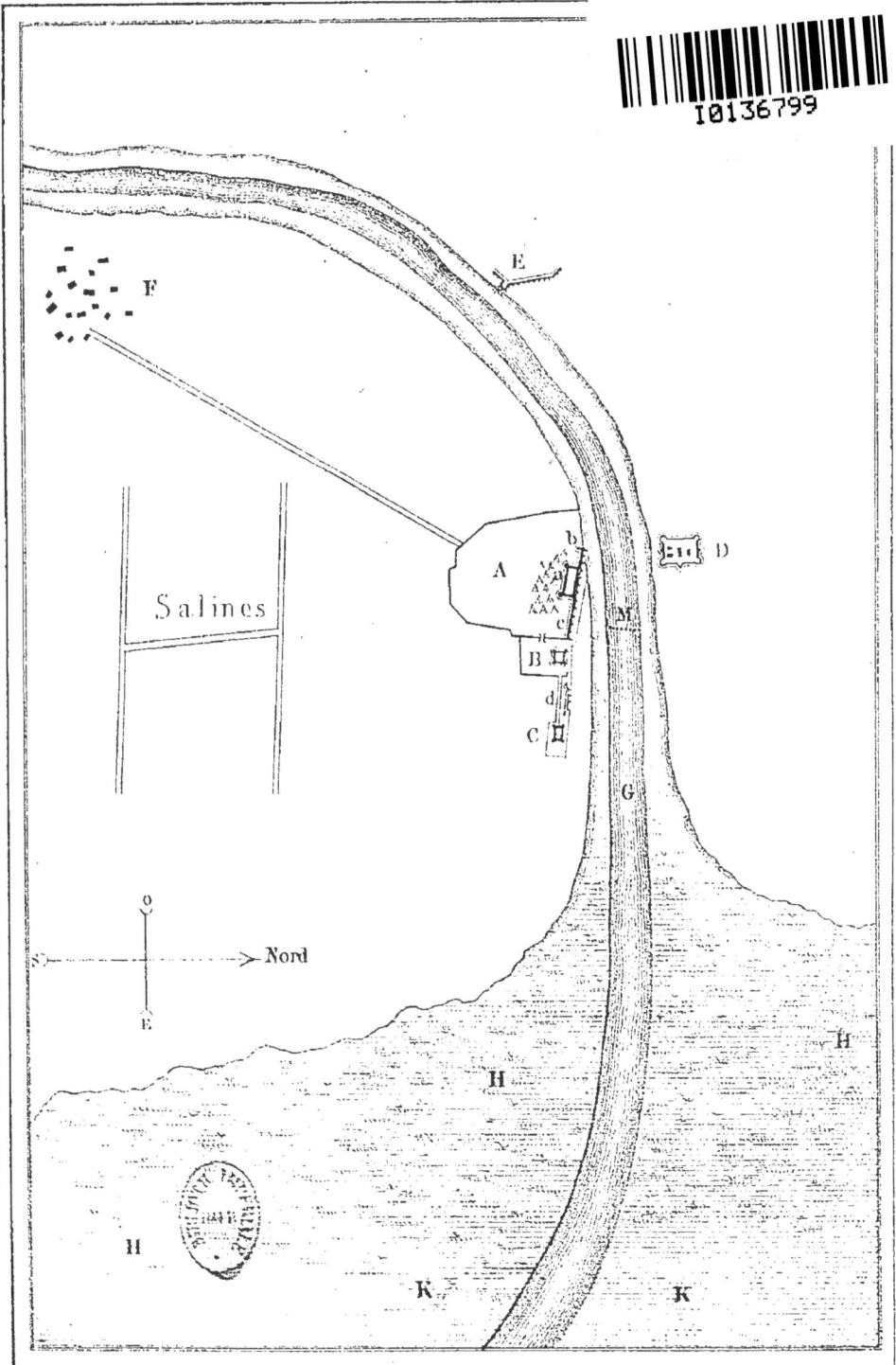

F

E

D

Salines

A

b

a

c

B

d

C

G

M

O

S ————→ Nord

E

H

H

H

K

K

A.*Camp retranché.* a.b.c.*Fort et batteries.* B. *2.ᵉ Fort joint au 1.ᵉʳ camp par un pont.* C. *3.ᵉ Fort joint au 2.ᵉ par une chaussée.* d.*batterie.* D.*Forts du Nord.* E.*Batterie enfilant la rivière.* F.*village de* Ta-kou *communiquant au camp par une chaussée.* G.*Chenal.* H.*Vase découvrant à marée basse.* K. *Rade.* M.*Estacades.*

LA
CHINE

DEVANT

L'EUROPE

PAR

LE MARQUIS D'HERVEY-SAINT-DENYS

DU CONSEIL DE LA SOCIÉTÉ ASIATIQUE

———— ·‹‹‹›› ————

PARIS

AMYOT, ÉDITEUR, 8, RUE DE LA PAIX

—

M DCCC LIX

Qu'est-ce que la Chine ? Tout le monde en prononce le nom ; bien peu de personnes, je crois, s'en font une idée précise. Emportés par ce grand mouvement qui caractérise notre époque, distraits par les questions européennes qui troublent périodiquement notre vieux monde, nous ne suivons que d'un œil inattentif les événements de l'Asie. Ces lointaines régions, à peine les connaissons-nous. Et cependant elles sont le domaine de populations innombrables : les unes qui, avec Gengiskhan, ont sillonné la moitié du globe ; les autres, qui, plus pacifiques, plus industrieuses, se sont paisiblement développées au foyer d'une civilisation trente fois séculaire. Là, s'étend sur un espace immense, l'antique monarchie des souverains de la Chine, si célèbre au temps de Louis XIV; dont Voltaire et Montesquieu ne dédaignèrent pas d'étudier les institutions, et dont nul ne parlerait aujourd'hui si le canon du Pé-ho ne venait nous rappeler qu'elle est encore debout.

Certes les documents ne font point défaut; jamais la science n'a produit plus de travaux consciencieux sur les peuples de l'extrême Orient, sur leur littérature, et sur leur histoire; mais ces travaux, fruits d'études patientes et de recherches laborieuses, sont plus connus des orientalistes que répandus dans le public. Bien des notions fausses tendent à s'accréditer, bien des préjugés se perpétuent, qui ne sont justifiés par aucun fait.

Tant que ces préjugés n'ont d'autre inconvénient que de flatter notre amour-propre d'Européens, et d'égayer nos conversations, peu importe; la paix du monde n'en est point troublée; mais quand ils peuvent, dans des circonstances graves, exercer sur l'esprit public une action dont les gouvernements subissent l'influence, alors c'est un devoir de les combattre si l'on pense en avoir le droit.

Ce droit, je l'ai peut-être acquis par dix années d'études spéciales, et je veux tâcher de rectifier quelques erreurs trop facilement admises, de montrer tels qu'ils sont et non tels qu'on les représente, le gouvernement, les mœurs, les ressources de la société chinoise. J'examinerai quels ont été les rapports de la Chine avec l'Europe, comment ces rapports sont nés et comment ils se sont envenimés. Je dirai ensuite ce que, suivant moi, nos intérêts nous conseillent, et quelles peuvent être, enfin, pour la France les conséquences d'une guerre avec l'empire chinois.

sud c'est la distance de Saint-Pétersbourg à Maroc, de l'est à l'ouest celle de Jérusalem à Madrid.

La Chine donne naissance à tous les grands fleuves de l'Asie; les uns qui la traversent et la fertilisent, les autres qui, partis de ses frontières, vont porter leurs eaux dans toutes les mers du globe. Ce sont parmi les premiers le Hoang-ho, ou *fleuve jaune*, et le Yang-tséu-kiang, ou *fleuve bleu*, nés côte à côte, s'éloignant ensuite de 1600 kilomètres, pour se rapprocher à leur embouchure, après avoir décrit dans un cours de 3 à 4000 kilomètres l'enceinte privilégiée de la Mésopotamie chinoise ; parmi les seconds, l'Obi, le Yénisséi, tributaires de l'océan Glacial; le Sir-Daria, qui alimente la mer d'Aral; le Sind, l'ancien Indus, qui arrêta les armées d'Alexandre, et qui n'arrêta plus tard ni celles du sultan Mahmoud, ni celle des Timour et des Baber ; le Brahmapoutre, qui va se perdre dans le Delta du Gange ; la rivière de Siam et le fleuve Cambodge, qui traversent toute l'Indo-Chine.

Les Chinois divisent eux-mêmes leur vaste empire en trois parties principales ; les dix-huit provinces ou Chine propre, la Mantchourie, et les possessions coloniales.

Les dix-huit provinces s'étendent du 22ᵉ au 40ᵉ degré de latitude nord, à peu près de la latitude du Sénégal à celle de Naples, de Lisbonne et de Philadelphie. Elles participent de cette influence particulière aux régions orientales de l'hémisphère septentrional et les écarts de température y sont très-brusques. A Pé-king, l'hiver ressemble à celui de Stockholm et de Boston; l'été, à celui de Naples et de Washington. Il gèle quelquefois à Canton et les chaleurs estivales y sont accablantes comme celles de l'Hindoustan. Si, dans la Chine proprement dite, on veut comprendre avec quelques auteurs les trois provinces de Ching-king, de Hin-king, et de He loung-kiang, récemment réunies sous une même administration, quoique sous un régime distinct des provinces centrales, il faudra reporter plus au nord la frontière septentrionale de ce segment de l'empire, qui s'étendrait alors, non plus jusqu'au 40e, mais jusqu'au 56e parallèle, correspondant à la latitude de Moscou, de Copenhague et d'Édimbourg. Des hivers sibériens sont le partage d'une grande partie de cette région ; et, tandis qu'on voit des éléphants dans le Yun-nan, on trouve des rennes dans le He loung-kiang.

Ces trois dernières provinces sont plus généralement comprises sous la dénomination de Liao-tong et de Mantchourie, et forment habituellement la seconde des trois divisions que j'indiquais tout à l'heure. C'est le berceau de la dynastie tartare qui règne aujourd'hui sur la Chine et qui a été absorbée par elle bien plus qu'elle ne l'a conquise. Le pays est presque désert; des collines arides et des plaines nues lui donnent un aspect de tristesse qui a frappé tous les voyageurs. Sur certains points, durant huit mois, la terre est gelée jusqu'à sept pieds de profondeur; et la neige, emportée par les ouragans, y devient si fine et si pénétrante qu'elle traverse les tissus les plus épais. A peine peut-on s'en défendre dans l'intérieur des maisons.

Les possessions coloniales comprennent en quelque sorte tout le plateau central de l'Asie. Citons d'abord la Mongolie. C'est là qu'on a vu grandir ce conquérant fameux dont la formidable puissance s'étendit au xiiie siècle du Pacifique à la Méditerranée, et qui fit de son campement de Karakoroum la capitale d'une moitié de l'ancien continent. A l'ouest, sur les frontières du Turkestan, s'étend un autre gouvernement, l'Ili, sorte de Sibérie chinoise, dont les parties les plus arides sont un lieu de déportation. Il figure assez bien un isthme gigantesque, jeté entre deux mers de sable, le grand désert de Cobi et les steppes de la Caspienne, un pont immense qui semble unir la Sibérie russe et les montagnes de l'Hindu-kouch, le bassin de l'Irtych et le bassin de l'Indus. Comme le territoire de la compagnie de la baie d'Hudson dans l'Amérique du Nord, cette vaste région offre le spectacle de vallées sans issues et de fleuves sans écoulement, dont le trop plein se déverse dans autant de lacs intérieurs. Jadis sillonnée par tous les peuples qui se sont jetés sur l'Occident, depuis le xıe jusqu'au xıııe siècle, il semble que la diversité des mœurs, des races et des religions de ses habitants soit comme un témoignage de ces formidables invasions. Au sud, nous trouvons le Thibet, occupé lui aussi par des garnisons chinoises. Des neiges éternelles sous la latitude du Caire, des montagnes dont la hauteur est au moins double de celle du mont Blanc, en font une zone à part, le point culminant du globe. Par un phénomène encore inexpliqué, la limite des neiges paraît y descendre moins bas que dans l'Himalaya, quoique cette dernière chaîne soit plus méridionale. Sans cette particularité singulière, le Thibet, de la frontière du Sikkim à la rivière de Yaru-Tsampu, ne serait qu'un vaste glacier et n'aurait d'équivalent que les régions polaires. Olympe de l'antique mythologie des Brahmanes, siége actuel de la grande réforme bouddhiste, ces deux sectes rivales qui se partagent l'Asie et comptent 300 millions de croyants, le confondent, par un contraste étrange, dans un même sentiment de respect et de vénération.

maison, y compris ses employés et serviteurs. Deux fois par an ces tablettes sont vérifiées par un agent de la préfecture, indépendamment de la surveillance exercée par les chefs de commune, puis elles sont transcrites sur des registres spéciaux, dressés en triple expédition. Les régistres sont clos, arrêtés et timbrés le dixième mois de chaque année par le chef du district, fonctionnaire qui correspond à nos sous-préfets. L'un des triples reste déposé dans ses archives ; l'autre est destiné à celles du département, le troisième à celles de la province. Avec ces tableaux partiels, le gouverneur fait dresser un tableau d'ensemble qu'il expédie au ministre des finances, également chaque année. Rien de plus simple, on le voit, et en même temps de plus authentique. J'ajoute que dans aucun pays du monde les recensements ne s'opèrent aussi fréquemment, non plus qu'avec autant de détails, puisqu'ils sont nominatifs. Des peines sévères ont pour objet de prévenir toute altération des registres. Comme ceux de notre état civil, ces registres sont ouverts à tout le monde. Chacun peut en prendre communication et en demander des extraits.

Pour quiconque connaît la Chine, le chiffre que je viens d'indiquer n'a rien qui puisse surprendre. Le mouvement de l'émigration, la nature des cultures, tout, jusqu'aux étranges conditions d'existence d'une partie des classes inférieures, témoigne d'une sorte de pléthore, inconnue dans les contrées les plus populeuses de notre continent.

Dans le royaume de Siam on compte près de 2 millions de Chinois. Ils encombrent toutes les îles de l'archipel des Indes. A Java, ils sont près de 40 000 ; autant en Californie. Une multitude prend la route de l'Australie, des Philippines, des îles Sandwich, même de la Havane. A Singapore, les seuls arrivages représentent un mouvement annuel de 10 000 émigrants. La Chine semble éclater dans ses frontières. Elle envoie ses colons jusque sur le sol américain, en les égrenant en chemin sur toute la surface du Pacifique.

A l'intérieur, nous retrouvons dans la nature des cultures, dans le soin particulier avec lequel les moindres parcelles de terre sont utilisées, les traces incessantes de cette même exubérance de la race chinoise. Sur plusieurs points de la France, les terres se reposent encore de deux années l'une ; de vastes terrains demeurent en friche ; les campagnes sont entrecoupées de bois, de prairies, de vignobles, de parcs, de maisons de plaisance. Il n'en est pas de même à la Chine. La doctrine même des anciens sur la piété filiale n'a pu sauver les sépultures. Les petites surgissent et disparaissent dans les champs d'une génération à l'autre ; la superstition a aidé la politique à reléguer peu à peu celles des grands et des riches dans les montagnes ou dans les endroits stériles fermés à l'agriculture. Déjà, au ve siècle avant notre ère, le célèbre Koung-Tseu s'en était préoccupé. Bien que ce sol soit épuisé par trente-cinq siècles de moissons, il faut qu'il produise toujours, à tout prix, partout et quand même, pour fournir aux pressants besoins d'un peuple innombrable.

Et malgré ce travail persévérant, minutieux, qui étonnerait les Européens, malgré la prévoyance du gouvernement qui intervient partout en Chine, et à plus forte raison dans les questions d'alimentation, tout au plus réussit-on à éviter les disettes. L'imagination a peine à concevoir le tableau que nous font les auteurs chinois de la mortalité dans les années de misère. Les routes, les fossés, les champs sont alors semés d'agonisants et de cadavres. La mort est en proportion de la vitalité. Elle paraît toute simple, elle n'effraye ni ne répugne. Même dans les années d'abondance, les chiens, les ânes, les rats eux-mêmes sont des aliments d'un usage ordinaire. Un dixième de la population ne vit que de poisson. Aussi la pêche y a-t-elle pris une extension sans exemple ailleurs. Pas un engin qui ne soit employé, pas un filet d'eau qui ne soit mis à profit, ensemencé et cultivé pour ainsi dire chaque année au moyen du fret que des marchands font éclore et colportent au printemps dans les campagnes. C'est une activité sans nom, l'activité de tout un peuple refoulé sur lui-même qui lutte corps à corps avec les nécessités de la vie.

L'immense population, que j'appellerai la population *fluviale* de la Chine, cette population amphibie qui habite les rivières dans des bateaux de toutes sortes, qui y naît, y vit et y meurt, prouverait à elle seule combien le sol est insuffisant. Dans la ville de Canton on l'estime à 30 000 âmes. Elle exerce toutes les industries, tous les métiers. Là se trouvent des théâtres, des salles de concert, des maisons de jeux, approvisionnés par une autre flottille de marchands ambulants; un monde d'habitations flottantes, depuis les constructions massives qui rappellent l'arche de Noé, jusqu'au fragile assemblage qui sert d'asile au lépreux solitaire. Rien ne peut donner une idée de cette ville aquatique, plus peuplée et aussi vivante que Marseille. Et ce n'est pas tout, sur plusieurs lacs de la Chine il existe des îles artificielles, d'immenses radeaux sur lesquels on a transporté des terres, construit des maisons, planté des jardins, et où de pauvres familles cultivent, entre le ciel et l'eau, le champ mobile qui les nourrit.

Je pourrais m'étendre davantage sur ce sujet, et montrer comment des lois protectrices du mariage, l'espèce de déshonneur qui s'attache au célibat, la pluralité des femmes, doivent incessamment concourir à multiplier la population de l'empire. Mais je crois en avoir assez dit pour établir que les chiffres fournis par des statistiques positives, servant d'assiette aux divers impôts, n'ont rien que de parfaitement conforme à ce que nous savons de la Chine. On s'étonnera moins d'apprendre que la population de la seule province de Kiang-sou est à peu près égale à celle de la France, que la province de Ngan-hoeï compte 34 millions d'habitants, 2 millions de plus que l'Autriche, et que la moins peuplée, celle de Kouei-tcheou, l'est encore plus que le royaume de Bavière. Voici, du reste, le tableau exact du dernier recensement connu :

Province de Pé-tchi-li	....	27 990 871
—	Chan-toung	28 958 764
—	Chan-si	14 004 210
—	Ho-nân	23 037 171
—	Kiang-sou	37 843 501
—	Ngan-hoeï	34 168 059
	A reporter	166 002 576

Report...............	166 002 576
Province de Kiang-si..................	23 046 999
— Tche-kiang.................	26 256 784
— Fo-kien	14 777 410
— Hou-pé	27 370 098
— Hou-nân..................	18 652 507
— Chen-si...................	10 207 256
— Kan-sou..................	15 193 125
— Sse-tchouen.............	21 435 678
— Kouang-toung.............	19 174 030
— Kouang-si	7 313 895
— Koueï-tcheou.............	5 288 219
— Yun-nân.................	5 561 320

Total pour les 18 provinces composant la Chine propre, non compris la Mantchourie et les possessions coloniales.............. 360 279 897

mestique dès le début de la vie, l'homme y prend l'ha-
bitude de toutes les soumissions. La famille est comme
le moule où se forme le citoyen et dont il ne sort qu'avec
une empreinte ineffaçable.

On conçoit tout ce qu'un pareil principe, lorsqu'il se
ramifie à l'infini, lorsqu'il se retrouve partout dans la
société, depuis la base jusqu'au faîte, doit donner de
force à un gouvernement. Aussi la politique des empereurs s'est-elle toujours préoccupée de le maintenir in-
tact. Le code pénal de la Chine en fait foi, et, sous le
dernier règne, on en vit un exemple frappant. Dans une
des provinces centrales de l'empire, un homme, de con-
nivence avec sa femme, avait maltraité sa mère. Sur un
rapport du gouverneur, la maison fut démolie et rasée ;
les deux coupables mis à mort ; la belle-mère bâtonnée,
puis exilée, pour la complicité de sa fille ; les étudiants
du district retardés de trois ans dans leurs études; tous
les fonctionnaires destitués et bannis. Un édit impérial fit
connaître à tout l'empire, en même temps que le crime,
cet effroyable châtiment. C'est qu'il ne s'agissait pas d'un
fait isolé, d'un simple délit, comme nous pourrions l'envisager. L'élément de la société, la base de l'ordre établi,
la garantie permanente de l'autorité souveraine, voilà
ce qui se trouvait atteint, et, à côté de cette atteinte, il

fallait une leçon si sévère que personne ne fût tenté de l'oublier.

En théorie, c'est l'absolutisme, l'absolutisme à tous les étages, à tous les échelons, en haut comme en bas, du chef de famille au chef de l'État. Mais en fait, dans la pratique, il est tempéré de tant de manières, qu'entre les mains de l'autorité il devient plutôt un élément de pouvoir qu'un instrument de servitude et d'oppression.

Notons d'abord un principe qui lui sert de corollaire, que nous retrouvons également partout, qui forme l'un des traits saillants de la société chinoise, le principe de la *responsabilité*. Le père est responsable de ses enfants, le fonctionnaire de ses subordonnés, le gouverneur de ses préfets, l'empereur lui-même de ses agents, et, bien que cette dernière responsabilité soit souvent fictive, les révolutions ont prouvé que le peuple savait parfois la faire remonter jusqu'à lui. Je viens de montrer la manière dont l'entend la loi chinoise, dans l'application des pénalités. On punit souvent le père pour ses enfants, et en même temps que ses enfants, fût-il entièrement innocent de leur crime ; tout-puissant sur les siens, il en est responsable au même degré. De même en matière d'administration. Qu'il y ait des troubles dans un gouvernement, le gouverneur est le plus souvent révoqué. Peu importe qu'il ait fait son devoir. On ne lui demande pas d'avoir raison; on veut que l'empire soit tranquille, et il est responsable de ce qui se passe chez lui. Qu'un général perde une bataille, il risque fort d'avoir la tête tranchée, s'il ne parvient pas à dissimuler sa défaite. C'est encore et toujours la conséquence de sa responsabilité.

Il n'est pas jusqu'aux médecins de l'empereur qui ne soient sous le coup du même principe. Tant que le Fils du ciel est bien portant ils touchent des appointements magnifiques; mais qu'il vienne à tomber malade, les appointements sont aussitôt suspendus. Si le mal empire, leur position devient très-grave, et la santé du patient leur cause de grandes perplexités.

L'absolutisme de tous limité par la responsabilité de chacun, tel est le caractère général du gouvernement chinois. C'est pourquoi je l'appelle absolu, et non pas despotique. Si, maintenant, de l'ensemble nous descendons dans les détails, si nous examinons avec soin tous les rouages de l'administration, nous verrons chaque fonctionnaire entouré d'entraves qui limitent encore l'exercice de son autorité.

Commençons par l'empereur. Il s'appelle le Fils du ciel,

on lui souhaite dix mille années, on lui rend des honneurs divins. Personne ne peut passer devant la porte extérieure de son palais, ni en voiture, ni à cheval. Son trône, fût-il vide, est respecté comme il le serait lui-même. On reçoit ses dépêches à genoux, en brûlant de l'encens. Il commande à près de 400 millions d'hommes. Sa demeure est une véritable cité, entourée de hautes murailles, enceinte réservée aux services innombrables d'une cour somptueuse. Là se trouvent des maisons d'habitation pour l'empereur, l'impératrice, les princesses ou femmes du second rang, celles du troisième et même du quatrième rang ; des pavillons de travail pour les ministres; des salles de réception, de représentation, d'audience; d'autres consacrées aux cérémonies religieuses ou aux fêtes du monarque; des armées d'officiers de tout grade, de serviteurs et d'eunuques; des ateliers immenses, où tout un monde d'ouvriers s'occupe à fabriquer sans relâche les objets nécessaires aux sept ou huit mille habitants de cette ville privilégiée. Aucun prince n'est entouré de plus de prestige, de pompe et de magnificence. Et cependant, au milieu de tous les attributs de la souveraine puissance, ce monarque redouté ne peut faire un pas comme il l'entend. Ses habillements, ses actes, ses postures même et les paroles qu'il prononce sont ré-

glées par un cérémonial minutieux. L'ordre de ses repas,
la nature et la quantité des aliments qu'on lui sert en
chaque saison, en chaque circonstance, sont également
déterminés. La dose en est plus grande en cas d'abondance, moindre en cas de disette ou de malheur public.
En un mot sa vie entière est l'accomplissement d'un
rite. Avec tout son pouvoir, il ne pourrait appeler au ministère l'un de ces parvenus sans mérite que le bon plai-
sir d'un sultan fait quelquefois surgir des bas-fonds de la
société. Au-dessus de lui il y a les usages, les prérogatives inattaquables des classes savantes; il y a surtout
les *livres sacrés*, véritable constitution de l'empire, aussi
antique que la monarchie. Nulle part peut-être les droits
et les devoirs respectifs des rois et des peuples, des gou-
vernants et des gouvernés, n'ont été enseignés d'une manière aussi élevée, aussi digne et aussi hardie. « Ce que
le ciel voit et entend, dit le chou-king, n'est que ce
que la nation voit et entend. Ce que la nation juge
digne de récompense ou de punition, est ce que le ciel
veut punir et récompenser. Il y a une communication
intime entre le ciel et la nation; que ceux qui gouver-
nent soient donc attentifs et réservés. » Voilà le code
des empereurs chinois. Tous ne l'ont pas accepté sans
conteste. Un homme s'est rencontré, deux cents et quel-

ques années avant notre ère, souverain despotique et sanguinaire, qui voulut s'affranchir de ce contrôle et ne relever que de lui-même. Il ordonna l'incendie de tous les livres. Mais la mesure était plus barbare que l'exécution n'en était facile. Thsin-chi-Hoang-Ti fut à lui seul toute sa dynastie, et le *chou-king* est resté debout, sous la garde des lettrés.

En Chine, il n'existe pas de noblesse héréditaire si l'on excepte quelques rejetons des anciens rois feudataires, les descendants de Confucius (1) et les princes de la famille impériale. Encore ces derniers ont-ils fort peu de priviléges, et ne touchent-ils, lorsqu'ils n'exercent pas de fonctions, que la solde d'un simple soldat tartare. Tous les emplois de l'État sont réservés au seul mérite et, avant d'en donner la nomenclature, c'est ici le lieu de dire un mot de cette pépinière de fonctionnaires qui se renouvelle constamment sans distinction de naissance, par la voie des examens.

« Les lettrés, dit M. Abel Rémusat, forment une association perpétuelle, *gens æterna in qua nemo nascitur*, qui se recrute indistinctement dans tous les rangs de la na-

_____

(1) Ceux-là se sont, il est vrai, multipliés d'une manière assez remarquable. Bien que Confucius n'ait laissé en mourant qu'un seul petit-fils, ses descendants mâles s'élèvent aujourd'hui à plus de douze mille

tion, et c'est entre les mains de cette association que réside
principalement la force publique et le gouvernement.
C'est au moyen de cette institution si singulière et si peu
connue qu'on a résolu le problème d'une monarchie
sans aristocratie héréditaire, offrant des distinctions
sans priviléges, où toutes les places et tous les honneurs
sont en quelque sorte donnés au concours et où chacun
peut prétendre à tout sans que pour cela l'intrigue et
l'ambition y causent plus de troubles et de malheurs
qu'en aucun autre pays du monde.

« C'est sans doute un pays assez singulier que celui
où l'on est parvenu à concilier les intérêts de l'ordre et
de la stabilité avec ce que le talent et le mérite personnel sont en droit d'exiger pour chaque individu; où la
noblesse, acquise par des services rendus à l'État ou
par des actes de vertu n'est pas seulement viagère, mais
ascendante, c'est-à-dire reportée sur les parents et ancêtres de celui qui l'a méritée; où l'on ne s'est pas borné
à punir le crime, mais où l'on tâche par des distinctions
honorables, d'encourager les actions louables et de récompenser la vertu. Tant d'idées généreuses qui ont
dicté ces usages et ces rites que des esprits superficiels
ont tournés en ridicule, constituent sans doute un mode
de civilisation digne d'être examiné et doivent être

comptés au nombre des causes qui expliquent la longue durée de la civilisation chinoise ; mais l'administration de l'État n'en reçoit qu'une influence indirecte ; elle dépend tout entière de cette oligarchie littéraire qu'on a su établir sur une base solide. Mettre de l'ordre dans le gouvernement d'un grand empire, en y appelant les gens de lettres, est sans doute le chef-d'œuvre de la politique ; je le propose comme un sujet d'admiration et non pas comme un modèle à imiter. Le genre de littérature auquel les Chinois sont attachés, la nature de leur langue et le génie de leur écriture, étaient des conditions indispensables au succès de ce système. Cette assertion, que je crains de ne pouvoir développer assez pour lui ôter l'apparence du paradoxe, réclame une explication particulière.

« La langue des Chinois diffère de celle des autres peuples, et leur écriture est fondée sur un principe tout particulier. On sait que, dans leurs caractères, on a cherché à peindre des idées et non à exprimer des sons. Les objets matériels ont été représentés par des traits qui rappellent leur forme, ou ce qu'ils ont de vraiment essentiel et caractéristique. Les notions abstraites, les sentiments, les passions, les opérations de l'esprit ont été figurés par des symboles ou des combinaisons de symboles. Cette direction donnée à l'art de l'écriture a influé sur les formes du langage, sur le caractère de la littérature et peut-être sur le génie même de la nation. Chez aucune autre, l'écriture ne s'est tenue si près de la pensée; et, par une conséquence nécessaire, nulle part on n'a appris tant de choses en apprenant à lire.

« On a dit et assuré que les lettrés passaient leur vie à apprendre à lire ; c'est à penser et à juger qu'il eût fallu dire. Pour se trouver répétée en cent ouvrages, cette assertion n'en est pas moins absurde. Sans doute, les lettrés apprennent à lire toute leur vie, en ce sens qu'il peut leur arriver à tout âge de rencontrer un caractère qui leur est inconnu, c'est-à-dire une idée qui est nouvelle pour eux. Et quel est l'homme de lettre à qui la même chose n'arrive pas souvent parmi nous? Combien de noms et de mots dont le sens ne nous est pas familier, n'apercevons-nous pas à l'ouverture d'un dictionnaire?

« De l'étude des caractères chinois, les jeunes gens passent à celle des livres; mais notre manière d'étudier ne donnerait qu'une idée imparfaite de la méthode qui leur est imposée. Il ne s'agit pas pour eux de lire un choix de pensées, d'en retenir momentanément quelques-unes et de les oublier ensuite pour toujours. Tout lettré qui aspire aux grades, c'est-à-dire aux emplois, doit prendre, pour texte de ses travaux, des ouvrages dont l'ensemble est environ six fois plus volumineux que le code civil. Il faut qu'il sache les lire couramment, par conséquent qu'il en connaisse tous les caractères ; qu'il soit en état d'expliquer chaque mot, d'en assigner la valeur, de remonter à son origine ; qu'il puisse indiquer les passages parallèles, comme disent les savants, c'est-à-dire les différentes manières dont la même pensée a pu être exprimée ; qu'il soit en outre capable de récrire en entier le texte de ces mêmes ouvrages, en tournant le dos au livre (c'est l'expression consacrée) et de répondre, par écrit et en bon style, à toutes les difficultés qu'on peut proposer sur un endroit quelconque, pris au hasard. Voilà en général le sujet de ces compositions, dont on parle si souvent dans les relations et qui occupent les lettrés toute leur vie.

« Maintenant ces livres, objet de tant de travaux, ne sont assortis, il faut le dire, ni à notre goût, ni à nos besoins. L'instruction qu'on y puise ne peut convenir qu'aux lettrés de la Chine. On n'y trouve sur les sciences que des lumières imparfaites et quelquefois trompeuses, et la vérité ne s'y montre souvent qu'accompagnée de graves erreurs. En ce qui concerne la politique et l'administration, tout ce qu'y verrait un européen, c'est une foule de préceptes vagues, de maximes sans application pratique. Le principal effet de ces études doit être, il faut bien l'avouer, d'imprimer aux jeunes esprits une direction morale, avec un profond respect pour l'antiquité; deux choses qui ne sont guère à l'usage des peuples éclairés. Mais il faut se mettre à la place des hommes qu'on veut juger. C'est beaucoup pour un Chinois que de remonter à la source des antiques usages, que de prendre une teinture des lois et de l'histoire, qui puisse lui servir de règle dans sa conduite politique. Enfin, je ne sais comment cela se fait, avec des connaissances très-superficielles dans les mathématiques et dans les arts du génie, les anciens princes de la Chine ont tracé le cours de la rivière Jaune et du grand Fleuve. Ils en ont contenu les débordements par des digues, et favorisé le cours par des canaux qu'alimentent les eaux de cent rivières et qui sont assujettis, par le nivellement, à des difficultés immenses. Les politiques chinois ont fait plus encore et avec moins de moyens. Il ne leur a fallu qu'un peu de morale, et des livres qui nous semblent pleins d'un insignifiant verbiage, pour entretenir, en général, la paix et l'abon-

dance dans un empire qui égale toute l'Europe en su-
perficie et qui la surpasse en population (1). »

De tous les éléments conservateurs de l'empire, cette
corporation des lettrés est certainement la plus puissante.
Aristocratie officielle par la nature des fonctions qu'elle
exerce, peuple par son origine, elle est un obstacle aux
révolutions populaires comme aux abus du pouvoir. La
presse en Chine n'est point censurée, et il en sort quelquefois des productions assez hardies. Bien plus, il entre
dans les attributions de certains officiers d'adresser au
prince sur tous les actes de sa puissance, quand ils pa-
raissent s'écarter des anciens principes du gouvernement, des représentations toujours respectueuses, mais
souvent très-catégoriques. C'est une sorte de droit de
pétition que les lettrés se sont réservé, et qu'ils savent
exercer, même quand il y a du danger à le faire. Chose
plus étrange encore, ces représentations sont imprimées
dans la gazette officielle de Pé-king, avec les réponses de
l'empereur.

Quinze mille charges ou emplois publics sont réservés
à ces privilégiés de l'intelligence. Au faîte de la hiérar-
chie nous trouvons les membres du conseil suprême;
ceux du collége des Han-lin, sorte de Sorbonne de l'em-

(1) Abel Rémusat, *Mélanges posthumes.*

pire ; ceux des six départements ministériels répartis ainsi qu'il suit : 1° le département du personnel ou des offices ; 2° le département des finances ; 3° le département des rites ou des cérémonies ; 4° le département de la guerre ; 5° le département de la justice ; 6° le département des travaux publics. L'administration des provinces est confiée à des gouverneurs. Ils ont au-dessous d'eux des préfets qui administrent autant de départements, et de véritables sous-préfets, placés à la tête des districts ou arrondissements. Je ne parle pas des *pao-tching* ou maires, parce qu'ils sont élus, et peuvent être pris en dehors du mandarinat. Il en est de même des conseils municipaux, également électifs, et qui existent en Chine à peu près comme en France, quoique les membres en soient moins nombreux (1).

Je ne sais si on se fait une idée exacte de ce qu'est une préfecture chinoise. C'est un vaste parallélogramme. A l'une des extrémités, donnant sur des jardins, se trouvent les appartements du préfet et de sa famille ; au centre, la salle du tribunal, flanquée du logement du concierge et de l'antichambre des huissiers ; à l'autre extrémité, et généralement près de l'entrée principale, à droite les

(1) Voir l'intéressant mémoire de M. Bazin sur les institutions municipales de la Chine.

bureaux, à gauche la prison. Le personnel est fort nombreux et ressemble beaucoup au nôtre. Un assesseur,
équivalant à nos secrétaires généraux, remplace le préfet
en cas d'absence. Comme chez nous, les employés ne
sont pas fonctionnaires; ils n'ont pas de rang. La salle
du tribunal rappelle seule que nous sommes en Asie, à
3000 lieues de nos frontières. Les préfets, comme les
gouverneurs et les sous-préfets, ne sont pas seulement
des agents administratifs. Ils exercent la justice et représentent les divers degrés de juridiction.

C'est surtout autour de ces hauts fonctionnaires que
se multiplient les entraves dont je parlais tout à l'heure
et qui sont destinées à prévenir les abus de pouvoir.
Aucun d'eux ne peut occuper le même poste plus de
trois années consécutives; on veut tout à la fois les sous-
traire aux influences locales et permettre aux réclama-
teurs de se faire jour. Au bout de ce temps, ils sont non-
seulement déplacés, mais souvent promus ou reculés
d'un ou plusieurs degrés. On conçoit l'émulation qui
doit en résulter. Quand un préfet quitte son département, le gouvernement se préoccupe toujours des ma-
nifestations qui se produisent à son départ. Si elles sont
chaleureuses, si le peuple l'accompagne en grand nombre aux portes de la ville, il en est tenu compte pour

son avancement; si la foule, obéissant à un singulier enthousiasme, lui enlève ses bottes de soie noire, pour les conserver en souvenir de son administration, il est élevé de droit au grade supérieur. Qu'on ajoute à cela la surveillance incessante dont il est l'objet de la part de son chef immédiat, responsable, comme je l'ai dit, de toutes ses actions, surveillance qui s'exerce inostensiblement jusque dans son intérieur; celle qu'il est obligé d'exercer lui-même, de la même manière, par le fait de la même responsabilité, sur les agents qui dépendent de lui; peut-être pensera-t-on comme nous que l'existence d'un préfet du céleste empire n'est exempte ni de préoccupations, ni de soucis.

De leur côté, les gouverneurs de province sont constamment en éveil, sachant qu'il suffit d'une émeute qui vient à éclater, d'un plaideur qui se pend dans leur jardin, pour briser complétement leur carrière. Le Chinois est énergique, il montre souvent le plus profond mépris de la vie; surtout s'il se croit lésé et s'il veut se venger. D'ailleurs les réclamations ne s'arrêtent qu'au souverain en passant par tous les degrés de juridiction et, de même qu'on en appelle des sous-préfets au préfet, du préfet au gouverneur, on peut en appeler du gouverneur à l'empereur. Et ce n'est pas un simple droit écrit, illusoire pour quiconque y aurait recours. Il s'exerce constamment, et le moindre artisan sait au besoin en faire usage. Dans les premiers temps de la monarchie, on allait droit à l'empereur qui jugeait en dernier ressort. Aujourd'hui que l'activité d'un seul homme ne peut suffire à ce travail, de hauts commissaires, délégués par le souverain, se rendent chaque année au chef-lieu de chaque province pour y rendre la justice en son nom, et statuer sur les appels portés contre les décisions des gouverneurs. Ils se font précéder par des agents secrets qui les renseignent, en se contrôlant, l'un par l'autre, sur l'administration de la province, et ne commencent leurs tournées qu'éclairés par de nombreux rapports. Sans doute, il n'est pas impossible de les corrompre et l'on en connaît des exemples. Mais l'empereur a sa police, lui aussi, qui entoure ses propres agents. A supposer qu'on la trompe, et que justice ne soit pas faite, le paysan chinois, si docile dans les habitudes ordinaires de la vie, si rompu à la soumission, mais en même temps si tenace quand il se sent dans son droit, ira, s'il le faut, jusqu'à Pé-king. Comme sa tête serait le prix d'une calomnie, il sait bien qu'on l'écoutera. En 1827, l'un d'eux fit le voyage tout exprès pour signaler une corruption de ce genre. L'empereur donna l'ordre de fouiller les bagages du haut commissaire, à son passage dans une province qu'il devait traverser pour revenir. On y trouva les preuves irrécusables d'une corruption gigantesque et sa tête ne tarda pas à tomber.

Un fait analogue et non moins remarquable avait eu lieu quelques années auparavant dans la province de Ssetchouen, sous les yeux d'un missionnaire catholique qui en fit part à sa maison. Un chrétien, victime de violences imméritées qu'un magistrat venal lui avait fait subir, était mort sans avoir pu obtenir justice, le gouverneur, près duquel il avait fait appel, s'étant laissé gagner lui-même par des présents. Quand le haut commissaire parut dans la province, il se trouva un ami du mort, un simple laboureur, son coreligionnaire, qui prit par la main le fils orphelin, et poussa, sur le passage du grand juge, le cri traditionnel pour réclamer la justice de l'empereur. L'appel fut entendu, la cause revisée et les coupables frappés d'un châtiment d'autant plus terrible, que la pénalité, en Chine, suit l'échelle croissante des dignités de celui qu'elle atteint. Plus vous êtes élevé en grade, plus le mauvais exemple que vous avez donné est funeste et plus vous méritez d'être puni.

Tels sont les principes constitutifs de la société chinoise, tels sont les rouages de son gouvernement. Il fallait quelques détails pour en bien faire comprendre l'esprit et le mécanisme. Que conclure de ce qui précède, sinon qu'il en est des institutions de ce peuple comme de toutes les institutions humaines; qu'elles ont leurs avantages et leurs inconvénients, leurs bons et leurs mauvais côtés. Assurément, elles ne sont de nature à favoriser ni le progrès des sciences, ni le mouvement des esprits, ni cette incroyable activité qui caractérise nos races occidentales; mais elles sont, en revanche, essentiellement conservatrices; elles excluent toute idée de révolution dans le sens que nous donnons à ce mot; il en est de leur force comme de leur durée. La Chine n'a jamais été le pays du *self-government*; nulle part l'individu ne jouit de moins d'initiative; de là l'infériorité de cette civilisation qui est aujourd'hui, ou peu s'en faut, ce qu'elle était il y a près de trois mille ans; de là aussi la toute-puissance du pouvoir central, le respect dont il est entouré, le prestige qui l'accompagne; de là encore l'ordre admirable, la parfaite régularité qui préside aux mouvements de la grande machine sociale. En Europe, il semble qu'une activité fébrile se soit emparée de toutes les forces de l'humanité et que nous voulions dévorer le temps comme l'espace; nous comptons par jours nos révolutions comme nos progrès. En Chine, on compte encore par siècles : telle dynastie s'y est maintenue cinq cents ans, quand il n'eût fallu que quelques heures pour la renverser en France. Nous datons de hier, et nous ignorons, la veille, ce que nous réserve le lendemain. La Chine date de quarante siècles. Depuis le premier siècle avant l'ère chrétienne, elle n'a pas notablement changé, et, pour elle, le lendemain c'est la veille.

IV

Mœurs. — Caractère. — Organisation sociale.

Nous venons de voir quels sont les rouages du gouvernement. Voyons ce qu'est la société.

Sa seule classification nous la peint tout entière.

Au premier rang sont les savants ; au second, les laboureurs ; au troisième, les diverses catégories d'artisans ; au quatrième seulement les commerçants et les marchands.

M. Davis, ancien président de la Compagnie des Indes en Chine, écrivait il y a quelques années :

« Je ne suis pas un admirateur enthousiaste du système chinois. Dans la pratique, il se glisse nécessairement un grand nombre d'abus ; mais, au total, si l'on considère les résultats définitifs, la machine fonctionne

bien, et nous répétons qu'on en trouve d'éclatants
témoignages chez la nation la plus gaiement industrieuse, la plus paisible et la plus opulente de
l'Asie. Je dis gaiement industrieuse et j'appuie sur
cette expression. C'est un des premiers traits ca-
ractéristiques qui frappent l'étranger lorsqu'il arrive en
Chine, et la preuve incontestable que chaque citoyen
possède une bonne part des fruits de son travail. »

Physiquement et moralement, le Chinois est de beaucoup supérieur à tous les peuples de l'Asie, sans exception, et cette supériorité est telle, que M. Davis lui-
même ne croit pas avoir besoin de la démontrer. C'est
aussi l'opinion de sir Henry Ellis, l'un des diplomates
anglais qui ont le mieux connu la Perse, la Chine et les
Indes.

Sous le rapport physique, le Chinois est d'une force
peu commune en même temps que d'une souplesse fé-
line. « On a souvent remarqué qu'il n'existe pas d'hommes mieux faits ni plus vigoureux que les coolies ou por-
tefaix de Canton. Le poids que deux d'entre eux portent
aisément sur leurs épaules, au moyen d'un long bambou,
accablerait les Européens les plus robustes. Leurs membres n'étant pas gênés par leurs vêtements, acquièrent
un développement qui ferait l'admiration du statuaire.

Comme marins, on les a toujours trouvés, à bord des navires anglais, plus forts et plus utiles que les las-cars (1). » Durant la dernière campagne, les manœuvres chinois, embarqués à bord de l'escadre française, dé-plaçaient des poids énormes, avec une facilité qui étonna tous les officiers de marine.

Moralement, il ne faudrait pas juger le peuple chinois par ce que nous en voyons dans les ports. C'est là qu'il nous apparaît sous le jour le moins favorable, et il en serait de même en Europe. Comme tous les Asiatiques, il est dis-simulé, cérémonieux et compassé. Mais il joint à un sen-timent profond de sa dignité une patience et une ténacité sans exemple. Vindicatif au plus haut degré, le Chinois n'hésitera pas à se pendre, si sa mort peut compromettre un ennemi. Docile à l'extrême quand on ne lui demande que ce qu'il considère comme son devoir, il devient in-traitable quand il croit ses droits méconnus. J'en ai cité un exemple. On l'accablerait de coups, sans le faire avancer ni reculer d'un pas. C'est ce qu'attestait tout dernièrement un des plus riches propriétaires des An-tilles, D. Miguel de Cardenas, qui occupe dans ses plan-tations plus de trois cents coolies engagés volontaires,

(1) Davis, *China*

et qui rendait justice à leur énergie autant qu'à la puissance de leur travail.

Si le Chinois manque complétement d'initiative, ce qui tient à son éducation première, il est extrêmement industrieux, d'une rare intelligence, et pousse l'esprit d'imitation jusqu'au génie. Costume, usages, modes, procédés, tout chez lui se stéréotype et s'immobilise. Le plus habile est celui qui copie le mieux. Ne demandant la science qu'à la tradition, cherchant toujours ce qu'on a fait, et non ce qu'on pourrait faire, il n'attend ses découvertes que du hasard ou de la nécessité.

La famille est à la Chine la base du système social, elle est aussi le centre vers lequel convergent toutes les préoccupations, le foyer de toutes les affections, la clef de toutes les qualités et de tous les défauts du Chinois.

En France, l'homme se marie tard; en Chine, il se marie très-jeune. Je ne dirai pas qu'on puisse comparer son existence à ce qu'est chez nous celle de la femme. Je dirai seulement que s'il y a des écarts dans sa vie, et ces écarts sont fréquents, c'est toujours après le mariage. Jusque-là rien de semblable. L'étudiant chinois fréquente ses condisciples; dans ces réunions innocentes, on compose des vers, on admire les fleurs d'un jardin, on s'enivre même quelquefois; ce sont des promenades en bateaux, des parties de pêche, des plaisirs aussi calmes que sa vie. A peine adolescent, il songe, à trouver une femme, comme une jeune fille, en Europe, à trouver un mari.

N'y serait-il point poussé par la monotonie de cette existence, par l'uniformité qui préside à ses joies comme à ses travaux, les préjugés sociaux l'y entraîneraient irrésistiblement. On veut des enfants, parce que c'est souvent une richesse; on en veut, parce que la famille est une tribu et le père de famille une autorité; on veut en laisser après sa mort, non par orgueil de race, le Chinois s'occupe peu de perpétuer son nom (1), mais pour

---

(1) À ne considérer que l'élément purement national, c'est-à-dire abstraction faite des Mongols et des Mantchoux, il n'existe que cent noms de famille pour l'immense population de la Chine. La tradition rapporte que cent colons venus du nord-ouest, plus de trois mille ans avant notre ère, furent les ancêtres du peuple chinois. Le nom de chacun d'eux s'est perpétué par ceux de sa race, mais aucune souche étrangère ne s'y mêla. Telle est la force de cette opinion, chez les Chinois, que, pour se désigner eux-mêmes, ils disent *les cent familles*, et que le mariage est toujours prohibé, comme incestueux, entre personnes portant le même nom. Or, il est telles de ces tribus qui ne comptent pas moins de 12 à 15 000 000 de membres, et l'on comprend que le monosyllabe patronymique (tous les mots chinois sont monosyllabiques) ne serait pas une dénomination suffisante pour une individualité. Les Chinois ajoutent donc à ce nom patronymique des surnoms de leur choix, généralement significatifs, et se composent ainsi une appellation personnelle. Li-*ta-sin* (Li-*grand-cœur*), Li-*hong-licou* (Li-*pavillon-rouge*), etc. Ceci expliquera pourquoi les noms chinois, au lieu de

perpétuer sa mémoire, pour que les cérémonies traditionnelles s'accomplissent sur son tombeau, pour
que ce culte domestique ait ses ministres et ses fi-
dèles.

Telle est la force de ce sentiment, qu'il est, on peut le
dire, sa pensée dominante. Elle le suit partout, fût-il à
deux mille lieues de sa patrie. J'ai parlé de l'émigration
qui se porte sur tous les rivages du Pacifique ; j'ai dit qu'il
y avait 40 000 Chinois en Californie. Eh bien ! parmi ces
Chinois de Californie, il s'est formé une association dont
l'objet est de ramener dans leur pays ceux d'entre eux qui
meurent à l'étranger. L'émigrant paye tant par an, et
n'a plus à s'inquiéter de son corps ; il est tranquille,
il peut mourir. Il sait que les engagements contractés
sont rigoureusement exécutés et que ses restes, fidèle-
ment rapportés par les soins de cette bizarre société de
secours mutuels, seront honorés par ses enfants. Il
sera, lui aussi, un ancêtre. Si les nécessités de la vie
l'obligent à quitter la Californie, si la police le chasse,
son parti est bientôt pris. Il n'ira pas chercher fortune
ailleurs, dans le Mexique, dans l'Orégon, ou dans la Co-
lombie Anglaise ; ailleurs, la même association n'existe

s'écrire tout d'un ensemble, se coupent en monosyllabes liés par des
traits d'union.

plus. Il se tuera, et chaque année fournit de nouveaux exemples de cette violente détermination.

La polygamie existe en Chine, mais on peut juger par ce qui précède de son but et de son caractère. Ce n'est point la polygamie du reste de l'Asie, la polygamie voluptueuse de la Perse et de la Turquie ; c'est un moyen d'accroître sa postérité. En principe, le Chinois n'a qu'une seule femme (*conjux*) et il ne doit épouser qu'une femme à la fois. Plus tard, si cette femme est inféconde, ou quand elle le devient avec l'âge, il peut prendre une ou plusieurs femmes de second rang (*concubinæ*). Leur position dans la famille ne sera, du reste, que secondaire ; leur nom chinois l'indique et équivaut à ceci : celle qui doit se tenir debout. Seule, la première épouse est élevée au rang de son mari, et par une fiction bien caractéristique, seule, elle exerce l'autorité maternelle, quelle que soit la provenance des enfants.

· Aussi la condition de la femme ne ressemble-t-elle pas, en Chine, à ce que nous voyons partout ailleurs en Orient. On trouve des régentes dans l'histoire chinoise, et je pourrais citer telle impératrice qui surpassa en absolu pouvoir les plus redoutés des empereurs ; on trouve aussi des femmes poëtes, des femmes philosophes, et ici encore je pourrais rappeler la célèbre Pan-hoeï-pan, dont nous avons un livre; livre curieux qui montre comment une femme, au fond de l'Asie et à deux mille ans de distance, comprenait les devoirs et les destinées de son sexe.

Si la littérature d'un peuple n'est pas toujours le miroir le plus fidèle de ses mœurs, elle est du moins la révélation la plus sûre de ses idées et de ses passions dominantes. Ouvrez les livres persans, vous y trouverez l'amour matériel, des houris sans intelligence qui vous enivrent dans des banquets sans fin. Ouvrez les romans du moyen âge, vous avez devant vous tout l'arsenal de la chevalerie: les joutes, les tournois, les nobles dames et les grands coups d'épée, et la jeune princesse qui fuit en croupe avec son chevalier. Dans le roman chinois, la scène change; nous sommes en présence d'un autre monde. Rien de pacifique comme ses héros, rien de modeste comme leurs aventures. C'est presque toujours un jeune bachelier, pauvre, studieux, timide comme sa fiancée, qu'il aperçut un jour furtivement dans le jardin de ses parents, à travers la clôture de bambous. Depuis lors il pâlit sur ses livres, à la lueur de sa petite lampe, pour mériter un amour qui sera le prix de ses études. Point d'épisodes romanesques, point de rapt, point de scènes furieuses. Il aime comme il est aimé, paisiblement et sans bruit. Et tout finit par un mariage suivant les rites, après un brillant examen.

De tout cela, on voit ce qui découle : des goûts simples, une grande patience, un esprit sérieux et méditatif, une imagination toujours réglée, toujours contenue par les barrières sociales. L'amour de leurs institutions, le culte de l'antiquité, peuvent seuls émouvoir ces tranquilles natures. La Chine a ses Brutus ; les Werther lui sont inconnus.

J'entretenais il y a quelques années des relations amicales et suivies avec un jeune lettré du nord de la Chine que le désir de voir l'Europe avait amené à Paris. Je l'interrogeais souvent sur les impressions diverses qu'il rapportait de ses promenades, et quelques-unes de ses paroles me sont demeurées dans l'esprit.

Il admirait sans réserve nos découvertes scientifiques modernes, la photographie, le galvanisme, les merveilles de l'électricité. Nos grands édifices de pierre le frappaient, et le laboratoire de chimie de l'un de nos savants illustres le remplit d'un étonnement joyeux. Mais il n'enviait guère en général que les résultats positifs de nos sciences, le côté moral de notre ensemble social était loin de l'impressionner favorablement.

Nos maisons à plusieurs étages où devaient vivre sous

le même toit des familles inconnues les unes aux autres ;
nos wagons où l'on montait pêle-mêle sans savoir près
de qui l'on ferait asseoir sa femme, sa fille ou sa sœur,
cette égalité sur l'asphalte, ce coudoiement de tout le
monde, sans la moindre attention pour les barbes blan-
ches, tout cela bouleversait ses idées et le choquait d'une
manière sensible.

Les pénalités que prononce notre code lui parais-
saient rarement en proportion exacte avec la nature des
fautes, telles que son esprit les classait. La gradation
des peines l'étonnait parfois davantage. Il trouvait l'as-
sassin puni moins sévèrement que le faussaire, car
l'idée d'un emprisonnement de vingt années lui semblait
un atroce supplice, bien plus cruel que la mort.

Il reconnaissait franchement la supériorité de notre
initiative intellectuelle, sans être bien persuadé qu'il
dût nous l'envier.

« Les yeux de votre intelligence sont plus perçants
que les nôtres, » me disait-il, « mais vous regardez si
loin que vous ne voyez pas autour de vous.

« Vous avez un esprit hardi qui doit vous faire réussir
en beaucoup de choses, mais vous n'avez pas assez de
respect pour ce qui mérite d'être respecté.

« Cette agitation perpétuelle dans laquelle vous vivez,

ce besoin constant de distraction, indiquent clairement que vous ne vous trouvez pas heureux.

« Chez vous on est toujours comme un homme en voyage; chez nous on aime à se reposer.

« Quant à vos gouvernements, je veux croire qu'ils ont du bon, mais s'ils vous convenaient aussi bien que nous convient le nôtre, vous n'en changeriez pas si souvent.

« Je suis bien sûr, moi, de retrouver dans mon pays les institutions que j'y ai laissées, et je vois que pas un d'entre vous ne me garantirait, seulement pour deux ans, la solidité de son gouvernement d'aujourd'hui. »

C'est ainsi qu'il sera toujours difficile à l'Asiatique et à l'Européen de s'entendre sur l'aspect et sur la valeur des choses, chacun d'eux, pour les juger, se plaçant à un point de vue différent.

On refuse aux Chinois tout esprit militaire ; ce n'est ni mon avis, ni celui des officiers qui les ont vus à l'œuvre, ni celui d'un orientaliste célèbre que je demande à citer encore : « Je ne veux pas vanter, dit M. Abel Rémusat, leur discipline, leur stratégie tant admirée par les PP. de la Compagnie de Jésus, et célébrée aussi, ce qui est un peu plus concluant, par plusieurs officiers, partisans zélés de la tactique prussienne ; mais on les a déclarés impropres à la guerre, parce qu'ils avaient été deux fois subjugués par les Tartares. Or, quel est le peuple qui n'a pas quelques taches de ce genre dans ses annales? La première fois que la Chine fut conquise, ce fut par les généraux et les enfants de Tchinggis-khan, dont les armées faisaient trembler l'ancien monde, depuis la Corée jusqu'aux bords de l'Oder. La seconde fois, la Chine était en révolution; un rebelle s'était soulevé contre son souverain et l'avait réduit à se donner la mort. Dans une pareille situation, quelle nation oserait répondre de conserver son indépendance! et cependant quelle résistance héroïque ne fut pas opposée aux Tartares! quels combats n'eurent-ils pas à livrer pour devenir maîtres de toute la Chine! D'ailleurs, qu'on y prenne garde, les Chinois ont été conquis et ce sont les Mantchoux qui ont été subjugués. Les Chinois sont restés en nombre égal, maîtres de toutes les places de l'administration civile. Leurs vainqueurs n'ont gardé pour eux que les places de l'armée et le commandement des garnisons. A prendre bien les choses, les Tartares sont moins un peuple conquérant qu'une tribu auxiliaire qui a obtenu, par cent victoires, le privilége de venir monter la garde dans tout l'empire. (¹)

« L'histoire nous montre sans cesse les Chinois occupés,

contre l'opinion commune, dans des guerres avec leurs voisins, les plus turbulents et les plus dangereux des ennemis. Nous les voyons s'agrandir aux dépens des peuples qui habitaient leurs frontières, jusqu'à ce que les déserts ou les montagnes opposent un obstacle insurmontable à l'extension de leur empire. A chaque instant, des expéditions lointaines vont, avec des succès divers, porter la guerre dans l'Inde, au delà du Gange, dans le Thibet, la Corée, au ~~Japon~~,[1] dans la Boukharie.

$$\left(\begin{smallmatrix} ? \\ \cdot \end{smallmatrix}\right)$$

« Si les Chinois ont été soumis deux fois par les Tartares, quatre fois au moins ils avaient soumis la Tartarie entière, cette Tartarie d'où partaient les peuples qui ravageaient l'Europe. Ils offraient leur appui aux Perses attaqués par les Arabes et abandonnés par les Grecs de Byzance. Déjà, précédemment, ils étaient venus en conquérants jusque sur les bords de la mer Caspienne. Dans le premier siècle de notre ère, un général chinois, qui commandait dans ces contrées, examina, dans un conseil de guerre, s'il convenait d'envoyer un de ses lieutenants soumettre l'empire romain. Il renonça à ce projet par la crainte de fatiguer ses troupes qui avaient fait cependant plus des trois quarts du chemin. Ainsi, tandis qu'Horace et Properce promettaient aux Césars la soumission du pays des Sères, les Sères marchaient effectivement contre les Césars et ne s'arrêtaient que fatigués de conquêtes, à douze cents lieues des frontières de la Chine (1). »

. Ces faits prouvent suffisamment que les Chinois peuvent, comme tous les peuples du monde, revendiquer l'honneur d'avoir versé beaucoup de sang humain. Sans doute une longue prospérité les a rendus étrangers aux arts de la guerre, et ils n'oublient point ces paroles de Confucius que « la paix la moins glorieuse est préférable à la plus éclatante victoire. » Ils citent volontiers ce passage d'un de leurs anciens livres : « Ne rendez aux vainqueurs que des honneurs funèbres; accueillez-les avec des pleurs et des cris en mémoire des homicides qu'ils ont commis, et que les monuments de leurs victoires soient environnés de tombeaux; » mais ils n'ont perdu ni le patriotisme qui fait la force des peuples, ni le courage qui fait les soldats. On ne se doute pas chez nous de ce qu'est chez eux le premier de ces sentiments. Il se confond avec l'orgueil national; il existe dans toutes les classes, parmi les chrétiens comme parmi leurs adversaires. J'ai parlé d'un jeune lettré qui

_____

(1) Abel Rémusat, *OEuvres posthumes.*

m'a fourni parfois l'occasion d'observer quelques traits saillants du caractère de sa nation. Doux, timide en apparence, pieux comme un néophyte, d'une famille catholique depuis trois générations, il eût souffert le martyre pour la foi; mais un jour qu'on parlait devant lui de la possibilité d'une expédition dans son pays, afin d'obtenir, les armes à la main, des garanties pour l'exercice de notre culte, je vis ses yeux s'animer, sa respiration devenir brève. S'il se tut par respect pour ses hôtes, on pouvait deviner qu'il eût pris le mousquet contre nous.

En ce qui touche la bravoure personnelle dont les Chinois peuvent se montrer capables, j'en chercherai le témoignage dans les récits de ceux-là même qui eurent occasion de l'apprécier. Je me réserve d'y revenir quand je raconterai les campagnes de Chine. Il est nécessaire d'examiner d'abord les questions religieuses et les difficultés commerciales qui amenèrent les hostilités de 1839 et de 1857.

V

Religions.

La liberté religieuse existe à la Chine. En aucun pays de l'Asie, les cultes les plus différents ne sont aussi ouvertement tolérés. Les musulmans eux-mêmes sont admis aux emplois publics [1].

Comme l'a fait observer M. Bazin, une pareille tolérance ne repose point sur le respect des opinions, et l'on aurait tort d'y voir un certain progrès des esprits ; elle émane de ce principe que la religion de l'État a seule le caractère d'une loi. On tolère les cultes qui ne lui sont pas contraires, et ils sont fort nombreux. Je citerai d'abord le bouddhisme, le plus populaire, le plus répandu

1. Le *Yûn-nan* en la province où les musulmans se rencontrent en plus grand nombre. Ils ont des mosquées : mais ils n en accomplissent pas moins les rites du culte officiel.

sur toute la surface de l'Asie; après le bouddhisme, le culte des Tao-sse, ou sectateurs de Lao-tseu; puis le culte musulman, et même le culte hébraïque. Il n'y a de persécuté que la foi chrétienne.

Pourquoi cette exception, à côté d'une tolérance si générale? C'est ce qu'il est nécessaire d'expliquer en quelques mots.

Remarquons d'abord que telle n'a pas toujours été l'attitude du gouvernement chinois. Au viiie siècle avant notre ère, les nestoriens, cette secte chrétienne longtemps si puissante, avaient un évêque en Chine. Il relevait, comme ceux de Balkh, d'Hérat, de Samarcande et de l'Inde, du patriarche de Bagdad. L'inscription de Si-ngan-fou[1] prouve que, de 620 à 781, l'Évangile y était prêché devant la cour et probablement dans tout l'empire. En 1314, un franciscain du royaume de Naples était archevêque catholique de Pé-king. Son successeur fut un professeur de théologie de la Faculté de Paris. Vers la même époque un prince mongol de la tribu des Kéraïtes, baptisé sous le nom de Georges, professait publiquement le christianisme. Tout le monde connaît les merveilleux travaux des jésuites au xviie siècle. A peine ai-je besoin

---

1. Voir l'inscription syro-chinoise de Si-ngan-fou, traduite par M. Pauthier.

de prononcer les noms du P. Adam Schall, qui revisa le calendrier astronomique, et écrivit cent cinquante volumes en chinois; du P. Verbiest, qui fut président du conseil des mathématiques, sous l'Empereur Khang-hi; des PP. Bouvet, Régis et Jartoux, qui dressèrent, par son ordre, la carte générale de l'empire, et la terminèrent en huit ans; travail immense, plus considérable qu'aucun de ceux qu'on ait jamais tentés en Europe; monument impérissable de leur faveur, de leur zèle et de leur intelligence.

Ce n'est qu'en 1725, que l'exercice de la religion chrétienne fut définitivement interdit. Voici ce qui s'était passé.

Quand parvinrent en Chine les premiers missionnaires catholiques, Miguel Ruggiero et Mathieu Ricci, tous deux de la compagnie de Jésus, ils y trouvèrent les nestoriens déjà établis, les Arabes qui résidaient à Canton depuis le viiie siècle, toutes les sectes dont j'ai parlé, en plein exercice et également tolérées; au-dessus, la religion de l'État, si l'on peut lui donner ce nom, sorte de déisme vague, consistant principalement en rites et en cérémonies traditionnels depuis la haute antiquité.

Les jésuites prêchèrent tout d'abord avec un grand succès la morale évangélique, mais ils comprirent bien vite aussi, combien il serait difficile de faire renoncer les Chinois à certaines pratiques et à certaines institutions considérées par eux comme la base même de leur système social. Le P. Ricci s'appliqua donc à distinguer dans le culte officiel ce qui lui semblait comporter un caractère religieux, de ce qui ne lui parut que profane. Il divisa les rites en rites *civils* et rites *sacrés*, tolérant l'accomplissement des premiers, chez les nouveaux convertis. Grâce à ces concessions, la propagande fut immense, et le catholicisme compta de nombreux prosélytes, dans les classes populaires comme dans le plus haut mandarinat.

La chute de la dynastie des Ming et l'avénement de la dynastie tartare, aujourd'hui régnante, ne portèrent aucune atteinte au succès toujours croissant de la mission. Le nouvel Empereur était et resta bouddhiste, ce qui ne l'empêchait pas d'exercer, comme souverain, le pontificat du culte officiel. Il laissa aux chrétiens la même liberté qu'à ses coreligionnaires, et Khang-hi, son successeur, qui dans les dernières années de sa vie devait rendre les premiers décrets hostiles au catholicisme, l'avait d'abord ouvertement protégé. Mais ce fut alors que surgit le malheureux débat entre les jésuites et les dominicains.

Parmi les cérémonies officielles, que le P. Ricci avait cru pouvoir tolérer, figuraient certaines offrandes sur les tombeaux des ancêtres et certains hommages rendus au *Tien* (le Ciel), comme symbole de la divinité. Les dominicains y virent une sorte d'idolâtrie et publièrent que le *Ciel* des Chinois était moins un symbole que la désignation du ciel matériel. En vain Khang-hi lui-même déclara-t-il, par un édit, que *Tien* signifiait le vrai Dieu, et que les coutumes prescrites par le livre des rites étaient d'une nature purement politique : les dominicains persistèrent, et obtinrent du pape Clément XI l'envoi d'un légat, le cardinal de Tournon, qui se prononça contre les jésuites et fit défense à tous les Chinois chrétiens de pratiquer désormais les cérémonies condamnées par le saint-siége.

L'Empereur vit un empiétement sur sa toute-puissance dans cette immixtion d'une autorité étrangère à la sienne ; son orgueil se révoltait à la seule pensée que ses sujets pussent jamais subir une influence exercée du dehors. Il lança donc un édit annonçant qu'il continuerait de protéger les missionnaires prêchant la doctrine du P. Ricci, mais qu'il poursuivrait avec rigueur ceux qui obéiraient à la cour romaine.

Les conséquences de ce conflit furent désastreuses

pour les missions. Elles étaient alors en pleine prospérité. Dans la seule ville de Pé-king, il y avait deux églises catholiques. Les jésuites essayèrent d'abord de résister, et leurs talents les maintinrent quelque temps encore, mais ils finirent naturellement par s'incliner devant l'autorité du saint-siége. Enfin le successeur de Khang-hi, Young-tching signa, en 1725, le trop célèbre édit qui prohibait l'exercice de la religion chrétienne comme attentatoire à l'autorité paternelle de l'Empereur, et dangereuse pour la sûreté de l'État.

Tous les lettrés chrétiens eurent à opter désormais entre la religion nouvelle et les emplois publics. Il y eut peu de renégats, mais le nombre des prosélytes diminua considérablement.

Cinq ordres catholiques se partagent aujourd'hui le périlleux honneur d'aller soutenir dans la foi leurs coreligionnaires de la Chine. La maison des missions étrangères a la province de Canton, le Kouang-si, le Kouéï-tcheou, le Sse-tchouen, le Yûn-nan et la moitié de la Mantchourie. Les lazaristes ont le Ho-nân, le Tche-kiang, le Kiang-si, la moitié du Pé-tche-li et de son immense capitale, la Tartarie et la Mongolie; les dominicains, le Fo-kien; les franciscains, le Hou-pé, le Hou-nân, le Chan-si, le Chen-si; les jésuites, le

Kiang-nân et le Chan-tong, indépendamment de la moitié de Pé-king et du Pé-tche-li, où ils exercent de concert avec les lazaristes. Souvent persécutés, parfois aussi protégés dans l'ombre par quelque mandarin, ces hardis apôtres de la foi continuent leur œuvre de dévouement et d'abnégation. Devant la glorieuse émulation du martyre, les rivalités ont disparu.

Quant aux missionnaires protestants, le rayon de leur propagande est infiniment plus restreint. En attendant que la Chine soit *ouverte*, suivant l'expression consacrée, ils se tiennent dans les ports de mer, sous la protection des canons anglais.

première moitié du vı^e siècle, on transportait déjà de la Chine et de l'archipel d'Asie, la soie, l'aloès et le sandal, on peut croire que les Arabes, conjointement avec les marchands grecs et romains, n'étaient pas étrangers à ces expéditions lointaines. Ce qui paraît certain, c'est que plus tard, au vıı^e siècle, ils formaient à Canton une colonie très-nombreuse, et qu'au ıx^e siècle, leur commerce avec la Chine était très-régulier et très-actif. Vers la même époque il y avait aussi des Persans à Canton, des juifs mêmes : ceux-là établis de bien plus ancienne date, car leurs ancêtres avaient quitté la Palestine au temps du royaume de Juda. Restés depuis sans communication avec leur pays, ils parurent fort étonnés quand le P. Gazani leur parla du Messie.

On connaît l'étonnant voyage de ce négociant vénitien qui, en plein moyen âge, traversa par terre tout le continent asiatique, qui fut dix-sept ans le favori de Koubilaï-Khan, « messire Marco Millione, » comme l'appelèrent par dérision ses contemporains, le Humboldt du xııı^e siècle, comme nous le nommons à plus juste titre. Après lui, mais longtemps après, en 1516, on vit les Portugais apparaître pour la première fois à Canton. Le cap de Bonne-Espérance venait d'être franchi, et Vasco de Gama leur avait ouvert la route.

La conduite qu'ils suivirent d'abord, n'était pas propre à donner aux Chinois une idée très-avantageuse des Européens, et ce fut pis encore lorqu'ils se posèrent en compétiteurs des Hollandais et des Anglais. Il s'en fallait que ce fût l'élite de ces peuples qui allât chercher si loin les émotions d'une vie d'aventures. Qu'on se rappelle Ferdinand Mendez Pinto, ce hardi chef de pirates, qui pillait sans façon les côtes de la Chine, cherchant de l'or jusque dans les tombeaux ; ce héros d'une odyssée à peine croyable, dont on peut admirer la folle témérité, mais dont le but moral devait être difficilement apprécié des Chinois. La conséquence d'un pareil état de choses était aisée à prévoir. Le gouvernement impérial dut prendre des mesures, et, confondant les commerçants honnêtes avec cette foule d'aventuriers, les traita plus sévèrement que les Arabes, leurs paisibles prédécesseurs. Il ne s'agissait pas de prohibition, mais de simples mesures de police et de précaution. Les autorités chinoises, avant l'arrivée des Européens, avaient donné au commerce extérieur tous les avantages possibles ; elles n'entendaient pas l'interdire, mais seulement concilier les nécessités du trafic avec les exigences de la sûreté de l'État. Un document de cette époque témoigne des idées très-justes qu'on se faisait alors en

Chine du commerce avec l'étranger, et de l'utilité qu'on
lui reconnaissait. « Le peuple, y est-il dit, vit par le
commerce. Un individu qui possède une certaine
quantité de marchandises, les vend, et se procure ce
dont il a besoin. C'est ainsi que les objets passent de
main en main, et qu'en circulant ils alimentent la
consommation. Le gouvernement y trouve son profit
comme le peuple. » Telle ne fut pas la politique des
empereurs mongols. Avec eux, ce ne sont pas seulement
les défiances qui se multiplient, les entraves de police
qui tendent à s'accroître : il y a changement de système,
une tendance marquée vers le régime prohibitif ; mais
tant d'excès avaient été commis, que cette tendance
n'était pas inexplicable. Ne pourrais-je pas citer tel
État de l'Europe, celui-là bien fier de sa civilisation,
bien avancé dans les sciences économiques, où ce même
régime, que ne justifient pas les mêmes causes, se
maintient encore, ou peu s'en faut, comme un souvenir du moyen âge au beau milieu du XIXe siècle ?

Remarquons-le d'ailleurs en passant, et ceci est essentiel. La Chine est grande comme l'Europe entière ; elle
comprend les climats les plus divers ; ses productions
sont variées à l'infini, et elles lui suffisent. C'est entre
les points si éloignés de ce vaste empire, unis par une

multitude de canaux, que vont et viennent incessamment, en nombre prodigieux, des embarcations de
toutes sortes, surchargées de voyageurs et de marchandises. Elles desservent trente ou quarante villes,
quelques-unes de 1 500 000 âmes, toutes de 300 000 au
moins, aussi commerçantes que Liverpool ou Marseille.
Rien ne peut donner une idée de cette activité, qui les
assimile, fait observer Davis, aux nations les plus intel-
ligentes de l'Occident. « Dût le lecteur s'en étonner,
continue l'auteur anglais, je n'hésite pas à dire que,
comme organisation et comme industrie, il y a moins
de différence entre eux et les Français, les Anglais ou
les Américains, qu'il ne peut y en avoir entre ces peuples et la paresseuse Italie. » Notons bien ce fait, qui a
sa valeur quand il s'agit d'examiner les relations commerciales de la Chine avec l'étranger ; et n'attribuons
pas à la somnolence asiatique son peu d'empressement
à fréquenter les Européens. Le peuple chinois ne dort
pas, sa vie se porte ailleurs, voilà tout. Entre Pé-king et
Canton, il y a autant de mouvement qu'entre Londres
et Paris ; c'est le même courant d'affaires, le même
échange incessant de produits constamment renouvelés ;
seulement ces deux villes immenses, dont la population
est supérieure à celle des capitales de la Grande-Bre-

tagne et de la France, sont comprises dans la même
frontière, quoique séparées par la même distance que
Constantinople et Berlin. Là est toute la différence. La
Chine est un monde; de ce qu'il est loin de nous, de ce
que nous le connaissons mal, de ce que nous nous le
sommes fermé par nos violences, autant qu'il s'est
fermé lui-même par système ou par nécessité, ne le
jugeons pas avec nos préjugés, notre ignorance et nos
passions. Voyons-le tel qu'il est, exclusif peut-être, mais
dans toute la plénitude de la vie; obéissant à d'autres
besoins, dirigé par d'autres principes, mais bien loin
de la décadence; une grande civilisation qui, après avoir
éclairé l'Asie pendant trois mille ans, n'a rien perdu
de sa séve et de son activité.

De 1637 à 1685, plusieurs tentatives inutiles furent faites
par la compagnie des Indes pour ouvrir des transactions
régulières avec les différents ports de Chine. Ce n'est
qu'à cette dernière époque que s'établirent les Anglais
à Canton, mais leur commerce y fut souvent troublé.
Différentes causes y contribuèrent. Sans doute, la politique des Empereurs d'origine tartare, l'esprit exclusif
des fonctionnaires et des habitants, étaient souvent de
nature à autoriser de justes réclamations. Les Chinois
n'avaient alors aucune idée de notre jeune Europe. Peut-

être n'en jugent-ils pas mieux aujourd'hui. Ceux mêmes qui l'ont vue de près, et je parle des plus intelligents, l'ont admirée sans l'envier. Si quelque chose les a frappés, c'est moins notre supériorité sociale, que le bouleversement que produiraient chez eux nos progrès et nos idées. Paisiblement assise à l'extrémité du monde, ne demandant rien à personne, complétement étrangère à nos mœurs et à nos idées, la Chine ne comprenait pas qu'on vînt de si loin chercher de l'or. Pour elle, les Européens qu'elle voyait arriver n'étaient que des aventuriers sans patrie. De là, le profond mépris qu'elle témoignait à leur égard, les mesures exceptionnelles auxquelles elle les assujettissait; de là cette maxime fondamentale que le désordre étant leur élément, c'est par le désordre qu'il faut les gouverner; *barbaros non regendo regere*, comme le disait le P. Prémare; de là enfin une série d'entraves, de résistances, plus ou moins sérieuses, plus ou moins loyales, qui paralysèrent si souvent les opérations de la compagnie des Indes.

D'un autre côté, les Européens n'avaient pas des idées moins préconçues à l'égard des indigènes. La Chine leur était aussi étrangère, qu'ils étaient étrangers à la Chine. Ignorant les principes de cette société à part, ils en méconnaissaient à chaque instant les usages, et sou-

vent sans utilité. Convaincus de leur supériorité comme
les Chinois de la leur, de part et d'autre on ne s'en-
tendait, ni ne pouvait s'entendre. On sait la ténacité
britannique, l'orgueil du nom anglais ; c'était une lutte
perpétuelle entre les énergiques réclamations des agents
de la compagnie, et la souplesse, souvent même l'astuce
des magistrats de Canton. Pour compliquer la situation,
aucun accord ne régnait entre les Européens ; les Anglais
détestaient les Portugais, qui les avaient précédés à Canton, et les Portugais, jaloux de cette concurrence, plus
anciens dans le pays, leur suscitaient mille difficultés,
dont profitait la politique chinoise.

Tel était l'état des choses lorsque l'Angleterre songea
a envoyer une ambassade en Chine. S'il ne se fût agi que
de soulager son commerce de quelques-unes des taxes
dont il était grevé, et d'obtenir quelques garanties en faveur des sujets britanniques, peut-être cette mission,
confiée à lord Macartney, en 1793, eût-elle pu produire
de bons résultats. Mais on demandait une résidence permanente à Pé-king, la liberté du commerce dans tous les
ports de Chine et un établissement à Chou-san. On voit
que les Anglais convoitaient depuis longtemps cette île,
sur laquelle ils débarquèrent quarante-huit ans plus tard.
L'ambassade échoua complétement, en partie à cause de

ces prétentions, en partie à cause de cette même ignorance des mœurs dont je parlais tout à l'heure.

Vingt-trois ans se passèrent sans nouvelle tentative
pour nouer des relations directes avec la cour de Pé-
king. Ce ne fut qu'en 1816, qu'une seconde ambassade partit sous la conduite de lord Amherst. Elle
échoua plus complétement encore et ne fut pas même
reçue par l'Empereur; une question de cérémonial, que
je dois traiter sommairement, car elle peut se reproduire d'un jour à l'autre, ayant dès le début envenimé
les négociations.

On sait que, d'après le cérémonial chinois, tout individu qui se présente devant l'Empereur doit accomplir les *neuf prosternements*, c'est-à-dire, incliner neuf
fois son front jusqu'à terre. C'est ce qu'on appelle le
ko-teou. Lord Macartney s'était-il soumis à cette forma-
lité? Les Chinois, l'Empereur lui-même, affirmaient que
oui; toutes les personnes de l'ambassade affirmaient
que non. Il est difficile de se faire une opinion très-
exacte, mais on a peine à concevoir le motif qui eût
fait enfreindre ainsi, sans nécessité, le plus sacré des
rites de la cour. Toujours est-il que lord Amherst, quoique ses instructions lui laissassent toute latitude, voulut s'autoriser de ce précédent. Peut-être eût-il fini par

céder, mais on ne lui en donna pas le temps et on lui enjoignit de quitter la Chine.

Cette coutume se retrouve dans toute l'Asie, sous toutes les latitudes et à toutes les époques de l'histoire. On se prosternait devant Zénobie, on se prosternait devant Cyrus, devant Xerxès, devant Alexandre, comme on se prosterne devant le *Fils du Ciel*. Thémistocle, exilé de sa patrie, se prosterna devant Artaxerxès, déclarant qu'il se conformerait aux usages persans. En Chine, la pratique du ko-téou ne semble pas relativement très-ancienne. Elle ne paraît s'être introduite qu'au iiie siècle avant notre ère. Les Européens l'ont toujours considérée avec beaucoup de répugnance, en ce sens qu'elle leur a paru avilissante. « Il n'est pas sûr pourtant que les Chinois y voient un acte de soumission ; c'est seulement, dans leur idée, une salutation qu'il est ridicule de refuser à l'Empereur quand on est venu de si loin pour lui rendre hommage. L'usage en est d'ailleurs si ancien, si généralement observé, non-seulement par les sujets immédiats de l'Empereur, mais par tous les envoyés et même par les princes étrangers, quand ils viennent à la cour, que les Chinois ne sont pas moins surpris de la répugnance que l'on témoigne à s'acquitter de ce devoir que nous ne le serions en Europe, de voir un ambassadeur qui refuserait, dans une audience solennelle, de se conformer aux règles les plus indispensables de la bienséance.

« Vers l'an 713, des ambassadeurs du calife Walid vinrent offrir un tribut à l'Empereur Hiouan-tsoung. Ils demandèrent à être dispensés du prosternement dans l'audience qu'ils devaient obtenir. Ils furent mis aussitôt en jugement et la sentence déclara qu'ils étaient dignes de mort pour avoir commis contre les usages une faute irrémissible : néanmoins Hiouan-tsoung voulut leur faire grâce (1). Il vint ensuite de nouveaux ambassadeurs qui représentèrent que, dans leur pays, on ne se prosternait que devant Dieu, et jamais devant les rois. On leur fit une sévère réprimande, et ils se prosternèrent. En 798, le calife Haroun envoya trois ambassadeurs; ils firent tous trois la cérémonie. Il faut remarquer qu'à cette époque les Chinois connaissaient fort bien l'immense puissance des Arabes; qu'ils avaient des démêlés avec eux dans le Thibet et dans le Mawarennahar, et que l'Empereur Taï-tsoung avait même à son service un corps auxiliaire d'Arabes qui l'aidèrent à reprendre ses deux capitales sur les rebelles (2). »

---

(1) Thang-chou, l. CCXXI.
(2) Abel Rémusat. — *Mélanges asiatiques.*

Ainsi les califes n'hésitèrent pas à se conformer aux rites de la cour impériale, et cela au temps où ils se partageaient avec Charlemagne l'empire du monde connu des anciens. J'ajouterai que l'Empereur s'y conforme lui-même devant sa mère, dans certaines occasions solennelles, comme le jour de sa naissance. Son propre fils s'agenouille trois fois devant lui et se prosterne neuf fois. Tous les autres princes du sang, les rois feudataires même, lorsqu'ils vont recevoir l'investiture de l'Empereur, font le cérémonial en question.

Napoléon exprimait, à Sainte-Hélène, l'opinion que lord Amherst eut dû se soumettre aux usages reçus. En réalité de pareilles cérémonies, conformes aux mœurs asiatiques, ne prouvent rien en elles-mêmes et n'ont de valeur que celle qu'on y attache dans le pays. Or, M. Abel Rémusat nous le disait tout à l'heure, il n'est pas démontré qu'en Chine le ko-téou soit considéré comme entraînant une idée d'humiliation. En revanche, il est à peu près certain que le ministère des rites en dispensera difficilement notre diplomatie, parce que ce sont précisément ces traditions, réputées inviolables par les Chinois, qui, depuis trois mille ans, ont maintenu ce peuple remuant sous une discipline inébranlable et en ont fait un État unique dans le monde.

Ainsi posée, la question me paraîtrait résolue. Elle le paraissait de même à M. de Lagrené, lorsque, causant avec un sinologue distingué, M. Pauthier, quelque temps avant son départ, il penchait personnellement à se soumettre au cérémonial chinois.

Depuis celle de lord Amherst, aucune ambassade anglaise n'essaya de pénétrer jusqu'à Pé-king. La mission qui fut appelée à négocier le traité de 1842, n'avait pas ce caractère. Elle était toute commerciale, et ne traita qu'avec des commissaires envoyés à Canton. Nous touchons à une nouvelle période : la question de l'opium et la guerre de 1840.

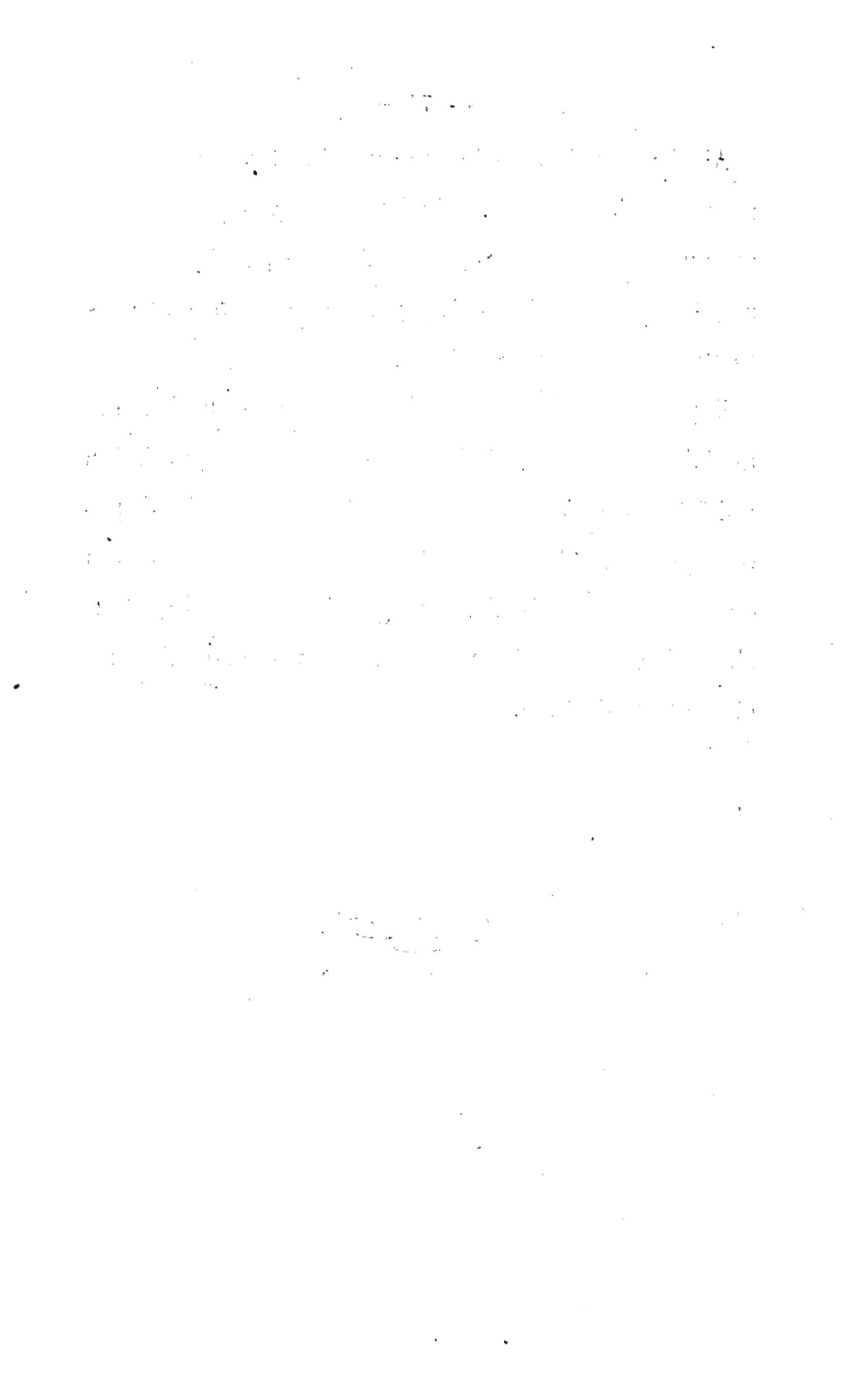

VII

Guerre de l'opium. — Première campagne.

On sait que la culture du pavot a pris une grande extension dans l'Inde; c'est un monopole du gouvernement. A l'époque où nous arrivons, deux cent cinquante mille hectares étaient consacrés à cette culture, et l'on pouvait évaluer à trente mille caisses la quantité d'opium qui s'importait en Chine, représentant une valeur de 25 millions de dollars ou environ 125 millions de francs.

Le gouvernement chinois avait, depuis 1796, prohibé le commerce de cette drogue pernicieuse, qui ne se faisait que par contrebande. En 1839, effrayé de la consommation qui croissait toujours, il résolut de prendre des mesures sévères. Le 26 février, un Chinois, convaincu d'avoir participé à la fraude, fut pendu devant les factoreries étrangères. Quelques jours après, arrivait à Canton un homme d'une grande énergie, le commissaire Lin, avec ordre de couper le mal dans sa racine.

Un acte de vigueur signala bientôt sa présence. Le 18, il rendit deux décrets, l'un adressé aux marchands hongs; l'autre aux étrangers, exigeant, sous peine de mort, que tout l'opium chargé, tant sur les navires-entrepôts que sur les bâtiments mouillés au dehors, fût livré au gouvernement. En même temps il fit bloquer les factoreries anglaises, et, le 17 juin, il obtint enfin la remise de vingt mille deux cent quatre-vingt-onze caisses d'opium, qui furent solennellement jetées à la mer.

Les Anglais ne pouvaient nier que le droit et la justice ne fussent du côté des Chinois. Lord Palmerston l'avait reconnu lui-même dans une note adressée au capitaine Ch. Elliot, surintendant du commerce à Canton. Mais la contrebande de l'opium était la source d'un revenu énorme pour le gouvernement de l'Inde. La suppression de ce commerce augmentait encore les charges de la colonie, dont les dépenses excédaient déjà les revenus. On demanda une indemnité et des réparations, que Lin refusa péremptoirement. Les ordres de l'Empereur avaient été méconnus et le commerce britannique était seul responsable des pertes qu'il avait subies.

La guerre s'ensuivit. Une escadre fut formée à Singapoor, au mois de mai 1840. Composée de navires venant de l'Inde, du cap de Bonne-Espérance, et même d'Angleterre, elle fut placée sous le commandement de l'amiral George Elliot. Elle portait 4200 hommes de débarquement, dont 1080 cipayes.

Le but qu'on se proposait était d'effrayer l'Empereur et de l'obliger à traiter. On différait seulement sur l'emploi des moyens. Les uns pensaient que les difficultés s'étant produites à Canton, c'était là qu'il fallait porter le premier coup. Les autres, frappés de la magnifique position de l'île de Chou-san, dont la capitale est une des villes les plus commerçantes de l'empire, et qui commande l'embouchure du Yang-tseu-kiang, voulaient qu'on en fît le quartier général de l'armée anglaise. Le Yang-tseu-kiang est la principale artère de la Chine. Navigable pour les plus gros navires jusqu'au delà de Nanking, il communique au Pé-ho par le canal impérial. Le blocus de ce fleuve devait nécessairement paralyser le commerce intérieur chinois et forcer l'Empereur à négocier. Cette dernière considération l'emporta, et la prise de Chou-san fut résolue.

Laissant quelques navires dans la rivière de Canton, l'expédition fit voile pour le nord et parut le 2 juillet devant le port de Chou-san. Les Anglais y rencontrèrent un peuple inoffensif, complétement ignorant des événements qui allaient allumer la guerre. Le 4 juillet au matin, tous les navires prirent leur mouillage. Le port, où se trouvaient onze jonques de guerre et plusieurs jonques de commerce, n'était défendu que par trois batteries, l'une de six pièces sur une colline, à droite de la baie; l'autre de trente, sur la plage; la troisième de huit. La flotte britannique se composait d'un vaisseau de 74, de deux frégates de 28 et de dix corvettes et bricks. Toutes les manœuvres de ces bâtiments, prenant leur ligne d'embossage, se firent en présence d'un peuple immense, accouru sur les quais et ne donnant d'ailleurs aucun signe d'hostilité.

Le gouverneur reçut une sommation très-énergique. L'amiral l'instruisait de l'état des affaires et le mettait en demeure de rendre l'île dans les vingt-quatre heures. « C'est aux gens de Canton, lui fut-il répondu, et non à nous que vous devez faire la guerre. Nous ne pouvons résister sans folie, et cependant nous le ferons, dussions-nous tous y périr. » Pendant la nuit, les Chinois travaillèrent à construire des retranchements, bien insuffisants pour remédier à l'infériorité de leurs forces. Ils halèrent leurs jonques à terre et en firent autant de batteries improvisées.

Le 5, à deux heures de l'après-midi les Anglais commencèrent une canonnade plus terrible que glorieuse.

En moins de dix minutes les batteries chinoises étaient détruites ; la plage était couverte de morts et de blessés. Le gouverneur lui-même avait la jambe fracassée par un boulet, et ne devait pas survivre à sa courageuse mais inutile défense. L'amiral fit jeter à terre quelques compagnies de débarquement. A dix heures du soir, elles pénétrèrent dans la ville de Ting-haï, après une assez vive fusillade. Elles la trouvèrent déserte ; il n'y restait que le rebut de la population. Ting-haï n'en subit pas moins les horreurs du pillage et fut en outre victime d'un vaste incendie dont on a toujours ignoré les causes. Un blocus rigoureux fut immédiatement établi devant le port de Ning-po, situé sur le continent par le travers de Chou-san. L'amiral Elliot essayait en même temps d'entrer en communication avec les mandarins de cette ville et avec ceux d'Amoy ; mais ils répondirent qu'ils ne pouvaient se charger d'aucun message pour Pé-king. Le mois de juillet s'écoula sans incidents, et, le 28, la flotte se dirigea sur le golfe de Pé-tchi-li. Le 10 août, elle jetait l'ancre à l'embouchure du Pé-ho, et, dès le lendemain, un officier descendait à terre porteur d'une lettre pour les mandarins. Il apprit que Ki-chan, gouverneur de la province, était alors à Ta-kou, village situé à trois milles, et qu'il attendait l'agent britannique[1].

Ce dernier voulut entamer des négociations ; immédiates. Il y eut quelques pourparlers préliminaires qui obligèrent Ki-chan à demander à sa cour de nouvelles instructions. Enfin, le 12 septembre, on apprit qu'il était parti pour Canton, en qualité de commissaire extraordinaire, avec ordre d'ouvrir une enquête sur la conduite de Lin. L'escadre anglaise n'avait plus rien à faire dans le golfe de Pé-tchi-li. Elle partit, elle aussi, pour Canton.

Pendant ce temps, la position des Anglais dans l'île de Chou-San n'était pas telle qu'ils pouvaient le désirer. La maladie faisait de terribles ravages parmi les troupes. On n'avait réussi à nouer aucune relation avec les indigènes, et tous les jours ces derniers s'emparaient des hommes qui s'écartaient un peu des lignes anglaises ; on faisait constamment le coup de fusil. Cependant, à la nouvelle que des négociations étaient commencées, les hostilités cessèrent des deux côtés.

Le capitaine Elliot arrivait à Macao sur la fin de novem-

(1) Le capitaine Elliot.

bre. Les pourparlers recommencèrent, et, pendant tout le mois de décembre, se poursuivirent sans résultat. Une dernière note de l'agent britannique étant restée sans réponse, jusqu'au 5 janvier 1841, il fit ses préparatifs d'attaque et résolut de s'emparer d'abord des forts de Bocca-Tigris.

A cet endroit, le fleuve n'a guère que deux milles de large. Les batteries de Tchuen-pi s'élevaient sur la rive gauche; celles de l'île du Tigre, sur la rive droite. Plus au nord, et par conséquent plus près de Canton, d'autres batteries commandaient la passe.

Le 7 janvier, les Anglais ouvrirent leur feu, et ne tardèrent pas à écraser les deux premiers forts, les Chinois répondant de leur mieux mais sans faire grand mal à l'ennemi, qui s'étonnait de leur entêtement autant que de leur inexpérience. Six cents cadavres chinois restèrent sur le terrain. Les Anglais ne perdirent pas un seul homme.

Le lendemain, 8 janvier, on se disposait à remonter le fleuve et à attaquer la seconde ligne de défense, lorsque l'amiral chinois fit demander une trève, afin de pouvoir s'entendre avec Ki-chan. Elle fut immédiatement accordée par le capitaine Elliot, qui comprenait mieux que personne l'inutilité de ses faciles victoires. Les négociations

furent reprises, et cette fois un traité fut signé. Aux termes de ce traité, les Anglais abandonnaient Chou-san
et les forts dont ils venaient de s'emparer ; en revanche
ils recevaient une indemnité de six millions de dollars,
trente millions de francs, et le gouvernement chinois
leur cédait l'île de Hong-kong.

C'est une île montagneuse, située à 90 milles de Canton, près des grandes passes qui constituent l'embouchure du Tchn-kiang. L'espace compris entre l'île et la
côte, forme une rade très-large et très-sûre, avec deux
entrées, l'une à l'ouest, l'autre à l'est, où les plus grands
navires peuvent mouiller fort près de terre, ce qui se rencontre rarement sur les côtes de Chine. Les Anglais
avaient deviné ces avantages ; ils firent tout pour en profi-
ter. A peine maîtres de l'île, ils y construisirent une ville,
sur le rocher, au prix de travaux et de sacrifices immenses, l'une des nombreuses Victoria que compte l'empire
britannique ; mais le succès ne répondit pas entièrement à
leurs espérances. Les hauteurs de la grande île de Lan-
tao bouchent complétement la rade aux vents du sud-
ouest, et comme ces vents durent six mois, il s'ensuit
que, pendant ce temps, Hong-kong est à peu près inha-
bitable. Les Anglais se flattaient de déplacer le centre
des affaires et d'attirer à eux tout le commerce de Can-

ton. L'événement les détrompa. Pas un Chinois ne voulut s'établir sur le territoire cédé aux étrangers ; la lie de la population fut seule tentée d'aller jouir de cette libertée illimitée que promettaient les nouveaux venus. Il leur fallut, comme par le passé, entretenir des représentants aux factoreries de Canton, et Hong-kong qui devait déposséder cette ville, n'est aujourd'hui que l'entrepôt de leur escadre, le siége de leur puissance militaire dans les mers de la Chine.

VIII

Guerre de l'opium. — 2ᵉ campagne.

J'ai montré le terrible système de responsabilité que le gouvernement chinois fait peser sur ses agents de toute sorte. Le malheureux commissaire Ki-chan en avait ressenti les effets. Placé dans la situation la plus critique, entre la crainte de ne pas accomplir sa mission pacificatrice, et l'impossibilité de concilier les instructions de sa Cour avec les exigences des envahisseurs; menacé par les Anglais des exécutions les plus violentes, pressé par l'amiral chinois qui venait d'expérimenter son impuissance, il avait signé le traité du 20 janvier comme on prend une détermination désespérée, songeant d'abord à éloigner à tout prix les étrangers. Quel rapport fit-il à Pé-king? sous qnel jour exposa-t-il les choses? Nous l'ignorons, mais nous savons que, loin

d'être approuvé, il tomba dans la plus complète dis-
grâce, et qu'il paya de tous ses biens le triste honneur
d'avoir été choisi pour négocier.

En évacuant Chou-san, les Anglais s'étaient installés à
Hong-kong, mais l'indemnité stipulée n'était point
payée, l'Empereur n'ayant pas ratifié le traité.

Les hostilités recommencèrent donc et l'escadre anglaise sortit de Hong-kong dans les premiers jours de
février 1841. Elle se composait de trois vaisseaux de 74,
de cinq frégates de 28 et de six corvettes Les forts de
Bogue furent enlevés rapidement les 25 et 26 février. La
courageuse ténacité des Chinois ne pouvait compenser
leur inexpérience de la guerre. Partout ils furent chas-
sés de leurs positions avec des pertes énormes. Leur
amiral fut tué.

L'escadre continua sa marche, capturant et pillant les
jonques qu'elle rencontrait. Le 7 mars elle arrivait à
Whampoa et bientôt devant Canton.

Le 18 mars, les navires ouvrirent leur feu sur la ville.
C'est une immense cité qui se divise en deux parties
distinctes ; la ville proprement dite, enceinte de hautes
murailles, et les faubourgs qui l'entourent de presque
tous les côtés. Le faubourg du sud, où se trouvaient les
forteresses et par où commença l'attaque, n'était dé-

fendu que par deux ou trois faibles batteries et par les jonques de guerre. Elles furent écrasées en quelques minutes, et les troupes de débarquement s'emparèrent de tout le faubourg qui fut pillé de fond en comble.

Mais là commençaient les difficultés. Il fallait escalader les hautes murailles de la ville intérieure et risquer un assaut avec une poignée d'hommes. D'un autre côté, en continuant les hostilités à cette époque de l'année, on paralysait l'exportation des thés. Le capitaine Elliot n'hésita pas à se retirer. Pour donner confiance au commerce chinois, il fit même redescendre les navires de guerre à 2 milles en aval de Canton.

Deux mois se passèrent ainsi. Tous les thés étaient sortis de la rivière, les intérêts anglais à couvert, rien n'empêchait de verser un peu de sang. Le mouvement reprit sur Canton, et, le 21 mai, tous les négociants européens eurent ordre de quitter les factoreries avant le coucher du soleil.

On ne pouvait annoncer plus clairement la réouverture des hostilités. Aussi les Chinois, se considérant comme en état de guerre, envahirent-ils, dès le lendemain, les établissements abandonnés, qui furent saccagés par la populace, occupés par les troupes chinoises et repris le 24 après un combat acharné.

Les artilleurs tartares se firent hacher sur leurs pièces.
Pour la première fois, les Anglais perdirent du monde.

Pendant ce temps, les troupes de débarquement, sous
les ordres de sir Hugh Gough, se portaient à l'ouest, et
poussaient des reconnaissances jusqu'au pied des hauteurs qui dominent au nord la ville de Canton. Elles
étaient fortes de 2,350 hommes avec 13 pièces de canons. Ces hauteurs, défendues par quatre ouvrages for-
tifiés, furent attaquées le 25. Deux d'entre eux oppo-
sèrent la plus vive résistance. Là aussi les canonniers
chinois se laissèrent écharper sur leurs pièces, après
avoir répondu jusqu'au dernier moment. A midi
tout était terminé; les Anglais dominaient la ville et
construisaient déjà des batteries qui devaient la fou-
droyer, lorsqu'un avis du capitaine Elliot vint arrêter leurs
travaux. Des négociations venaient d'être entamées pour
traiter de la valeur de cette riche et populeuse cité. Elles
aboutirent à une convention qui porte la date du 28 mai.
Canton était taxé à six millions de dollars, 35 millions
de francs. Cela valait bien quelques coups de canons.

Vingt-cinq millions furent payés comptant, des garanties sérieuses fournies pour les cinq autres; et le capitaine Elliot, jugeant que la créance était bonne, fit rétrograder l'escadre jusqu'à Hong-kong.

C'est là qu'il devait trouver son successeur. Sir Henri Pottinger y arriva dans le commencement d'août avec la qualité de plénipotentiaire, des instructions et des renforts. Après la convention du 28 mai, il n'y avait plus rien à faire à Canton. L'escadre se dirigea vers le nord.

Amoy succomba le 26, Ning-po le mois suivant. Chou-san fût réoccupée le 29 septembre. L'expédition y prit ses quartiers d'hiver.

J'ai dit que l'île de Chou-san commande l'embouchure du Yang-tseu-kiang, et que ce fleuve communique avec le canal impérial. En Chine, il y a peu de routes de terres; la plus grande partie des transports se fait par eau, et presque tous ceux du sud au nord, par le canal impérial. En remontant jusqu'à la jonction de ces deux grandes artères et en bloquant l'entrée du canal, on devait interrompre le commerce intérieur de l'Empire, intercepter les communications entre ses provinces septentrionales et ses provinces méridionales, et forcer ainsi l'Empereur à subir les conditions anglaises. Des reconnaissances ayant démontré la possibilité de remonter le Yang-tseu-kiang, au delà même du point de jonction, les opérations commencèrent en juin de l'année suivante. La flotte avait été portée à 80 navires, les troupes à 15,000 hommes. C'était une véritable armée. Cchang-haï et Tcha-pou furent les premières à s'en apercevoir. Ces deux villes furent enlevées en route, et pillées chemin faisant.

Quelques jours après, le 20 juillet 1842, l'escadre an-glaise, remontant le fleuve, jetait l'ancre devant Tchin-kiang-fou, à la jonction du Yang-tseu-kiang et du canal. Quoiqu'on ne l'y attendît pas et que tous les préparatifs de défense eussent été faits dans le golfe de Pé-tchi-li, une garnison tartare occupait la ville. Quel-ques milices chinoises campaient en dehors des murs. Celles-ci ne tinrent pas devant les troupes anglaises et furent mises en pleine déroute ; mais la garnison soutint l'assaut très-vigoureusement. On se battit avec acharne-ment dans les rues, dans les maisons, sur les places pu-bliques, les Tartares disputant chaque pouce de terrain. Quand ils se virent dans l'impossibilité de prolonger la défense, ils tuèrent leurs femmes et leurs enfants ; puis, ne voulant pas survivre à leur défaite, ils se poignar-dèrent (1). Les Anglais avaient fait des pertes sérieuses.

---

(1) Les milices, seules troupes auxquelles on ait eu affaire jusqu'aux événements du Pé-ho, sont formées de soldats recrutés du jour au lendemain. La garde des villes est confiée à des soldats tartares, qui doivent vingt années, et qui ne changent point de garnison.

Exaspérés d'une si vive résistance, ils mirent la ville à feu et à sang et y commirent les plus affreux excès. Il en fut de même dans les environs, et telle était la terreur qu'ils répandaient autour d'eux que la petite ville de Koua-tchéou, située de l'autre côté du fleuve, *acheta trois millions la faveur de ne pas être occupée.*

Pendant qu'une partie de l'escadre bloquait le canal, le reste continuait jusqu'à Nan-king, la seconde capitale de la Chine. Elle était presque sans défense. Son sort ne pouvait être douteux. D'un autre côté, l'audacieuse manœuvre des Anglais portait ses fruits : l'Empire était coupé en deux. La cour de Pé-king comprit qu'il fallait céder ; un membre de la famille impériale nommé Ki-yng, se rendit à Nan-king avec tous les pouvoirs nécessaires. Il s'entendit avec sir Henri Pottinger, et, le 29 août 1842, à bord du vaisseau le Cornwallis, le traité de Nan-king fut signé.

L'Empereur reconnaissait la cession de Hong-kong, déjà stipulée par la convention du 20 janvier 1841. Il s'engageait à payer en trois ans une contribution de 120 millions de francs. Il ouvrait au commerce anglais *les cinq ports,* c'est-à-dire ceux des villes maritimes de Canton, d'Amoy, de Fou-tchéou, de Ning-po et de Chang-haï. Ainsi se terminait la seconde campagne de Chine, durant laquelle on avait tué quelques milliers de Chinois et brûlé ou pillé quatre grandes villes sans grandes pertes et sans grandes difficultés.

En somme, les résultats en furent des plus satisfaisants, de l'avis de toute la marine britannique, car, hormis les Chinois, tout le monde y trouva son compte. Le gouvernement de la Reine recevait environ cent millions de francs à titre de rançons diverses; soixante-deux millions de francs étaient accordés aux marchands anglais à titre d'indemnité. Officiers et matelots revenaient chargés de butin.

Sans compter leur part dans la rançon de Koua-tcheou, les troupes de S. M. Britannique avaient fait sur plusieurs points d'excellentes prises. Deux ou trois pagodes avaient été très-productives en matières d'or et d'argent, et la seule récolte des curiosités que possédait un certain Vou-ling-san, riche amateur, dont la maison de campagne se trouva sur le passage d'une colonne civilisatrice, fut estimée six mille livres sterling. Les bâtiments de guerre furent littéralement encombrés de caisses, et l'on cita quelques heureux, qui, de retour à Londres, ne tirèrent pas moins de 2 à 3 mille livres, des bijoux et autres objets précieux qu'ils avaient su rapporter.

Les événements de la guerre avaient mis en lumière

l'inexpérience des Chinois, autant qu'ils avaient témoigné de leur bravoure individuelle. S'il fallait s'étonner de quelque chose, c'est qu'ils eussent songé à résister avec des moyens aussi insuffisants, des arcs, des flèches, des fusils à mèche qui crevaient entre leurs mains ou qui mettaient le feu à leurs cartouchières et à leurs vêtements ; des canons, qu'on ne pouvait ni pointer, ni remuer, moins dangereux pour l'ennemi, que pour les servants ; si grossièrement fabriqués que le canonnier, après avoir mis le feu à sa pièce, était obligé de se jeter à terre, pour éviter la mort en cas d'explosion (1). Cela n'empêcha ni la belle défense du fort de Tchouen-pi qui nous est racontée par M. Mackensie ; ni l'affaire de la première barré, près de Canton, où les officiers chinois se précipitèrent sur les baïonnettes anglaises ; ni celle du 25 mai, dont j'ai parlé, où les artilleurs chinois, attaqués par la brigade des marins, se firent sabrer sur leurs pièces ; ni celle du 20 juillet, si sanglante, si acharnée de part et d'autre, où les Anglais laissèrent cent quatre-vingt des leurs dans les rues de Tchin-kiang-fou. Remarquons-le d'ailleurs avec tous les officiers de l'expédition, plus on avançait, plus le temps s'écoulait, plus la résistance

---

(1) *Seconde campagne de Chine*, par K. S. Mackensie, lieutenant au 90e régiment d'infanterie anglaise.

devenait sérieuse, loin de faiblir. C'est que les Chinois, auxquels on ne refusera pas l'intelligence, apprenaient à mieux connaître leurs ennemis : ils perfectionnaient leurs moyens de défense ; peu à peu ils se faisaient à la guerre ; ils devenaient soldats, et les Anglais, à force de victoires, leurs apprenaient l'exercice à feu.

IX

3ᵉ Campagne de Chine.

Un traité supplémentaire fut signé, le 10 juillet 1844, entre les mêmes plénipotentiaires: Ki-yng, pour l'Empereur, et sir Henri Pottinger, pour la Grande-Bretagne. Il réglait les bases sur lesquelles se ferait désormais le commerce anglais avec la Chine. C'est à la suite de ce traité que les cinq ports, déjà ouverts aux négociants britanniques par celui de Nan-king, le furent également à tout le commerce européen.

· Qu'on ne s'y trompe pas toutefois. Une concession si large ne fut point due, comme on l'a cru, à la généreuse initiative du cabinet de Saint-James. Cette initiative, elle appartenait aux commissaires impériaux; ils l'avaient prise dès le mois de juin 1843, spontanément, publiquement, en annonçant dans une proclamation de la même date « qu'aussitôt qu'ils auraient reçu du ministère des finances de Pé-king les règlements et les tarifs arrêtés pour les cinq ports, ces règlements et tarifs, une fois promulgués, seraient applicables au commerce de toutes les autres nations, aussi bien qu'à celui de l'Angleterre. » Celle-ci se borna à faire insérer dans son traité supplémentaire « que quelques fussent les priviléges et immunités qu'il plairait au gouvernement chinois d'accorder aux autres nations étrangères, les mêmes priviléges et immunités s'étendraient également aux sujets britanniques (1). »

Le gouvernement des États-Unis ouvrit le premier avec Ki-yng des négociations qui aboutirent au traité américain du 3 juillet 1844. Elles étaient terminées lorsque M. de Lagrené arriva en Chine, le 14 août de la même année. A son tour il signa pour la France, à Whampoa, un traité qui porte la date du 24 octobre 1844, et où Louis-Philippe était qualifié de « Grand Empereur du grand empire de France. »

Nous avons peu de relations avec la Chine. A peine huit ans après, notre commerce dans les cinq ports atteignait-il une valeur de 2 millions de francs, un peu

---

(1) Pauthier. *Histoire des relations politiques de la Chine.*

moins, je crois, que celui du Chili. Mais nous avions une autre tâche à remplir, d'autres intérêts à sauvegarder ; nous avions à protéger le christianisme, et M. de Lagrené n'oublia pas cette partie de sa mission. On a beaucoup parlé des immenses résultats qu'il aurait obtenus, tels que l'autorisation pour les missionnaires catholiques d'entrer librement en Chine, d'y prêcher leur religion et d'y vivre en toute sûreté sous la garantie du traité même. Je suis obligé de rectifier cette opinion, qui est aussi erronnée que généralement répandue. Il n'est question de rien de semblable dans le traité de Whampoa. Il y est dit seulement, article 22, que « les Français pourront établir des églises, des hôpitaux, des hospices, des écoles et des cimetières (sur le territoire défini des cinq ports chinois, ouverts au commerce européen). Dans ce but, l'autorité locale, après s'être concertée avec les consuls, désignera les quartiers les plus convenables pour la résidence des Français, et les endroits dans lesquels pourront avoir lieu les constructions précitées. » Ensuite le commissaire impérial Ki-yng provoqua, en dehors du traité, un édit de l'Empereur Tao-kouang, révocable à volonté, qui permettait aux seuls chrétiens indigènes l'exercice ostensible de leur religion, et *interdisait aux missionnaires l'entrée de l'Em-*

pire, tout en stipulant qu'ils ne pourraient être livrés qu'au consul de leur nation. M. de Lagrené crut sans doute de très bonne foi en avoir obtenu davantage, mais le texte est positif et ne peut donner lieu à aucune discussion.

Pendant ce temps les stipulations du traité supplémentaire anglais recevaient partiellement leur exécution. Amoy, Fou-tcheou-fou., Ning-po et Chang-haï s'ouvraient aux Européens. A Canton seulement les Anglais rencontraient de nouvelles difficultés. Bien qu'ils se fussent réservé le droit de pénétrer dans l'intérieur même de la ville proprement dite, la population qui les détestait, n'y voulut jamais consentir. Sir John Davis, le nouveau surintendant du commerce, essaya de les y contraindre, en s'emparant encore des forts du Bogue. Ki-yng ne négligea rien pour calmer l'effervescence de ses compatriotes et satisfaire autant que possible les exigences des Anglais. Il alla jusqu'à offrir d'attacher aux négociants une garde spéciale de police pour les protéger lorsqu'ils franchiraient les ports de Canton. Cette offre, faite de très-bonne foi, fut acceptée par sir John Davis; mais elle ne remédiait pas au mal et était loin de satisfaire le commerce de Hong-kong, qui, s'en prenant aux Chinois de ses déceptions, chaque jour croissantes, ne cessait de leur annoncer dans ses journaux *a copious blood letting*, une bonne saignée.

M. Bonham arriva en février 1848, remplaçant sir John Davis. Dès cette époque, le cabinet de Saint-James était parfaitement décidé à recommencer les hostilités, et elles eussent probablement éclaté, sans les graves questions qui agitaient l'Europe. Le continent était en feu, les trônes s'écroulaient; il y avait de quoi distraire l'attention de lord Palmerston, sinon de quoi occuper toute son activité. Survint ensuite la guerre d'Orient, commencée sans beaucoup d'empressement de la part de la Grande-Bretagne, terminée un peu malgré elle. La paix venait trop tôt pour sa politique ou pour sa gloire. Tandis qu'elle nous suscitait mille embarras à propos de questions secondaires, elle se disposait à prendre en Chine sa revanche de Sébastopol. La tâche était plus facile. Il suffisait d'un prétexte. On le chercha et on le trouva.

Le 8 octobre 1856, une lorcha chinoise dont les matelots pillaient un village, fut capturée par les Chinois. Au moment où les jonques allaient l'aborder, elle hissa le pavillon anglais, quoique pas un seul homme de l'équipage ne pût justifier de cette nationalité. Le consul anglais, M. Parkes, réclama immédiatement la mise en

liberté des matelots arrêtés. Mais il avait affaire à un homme dont le nom est devenu célèbre, le fameux Yeh, gouverneur de la province de Canton. D'un caractère énergique et décidé, ne se faisant aucune illusion sur la politique anglaise, convaincu d'ailleurs que chaque nouvelle concession ne ferait qu'ouvrir la porte à de nouvelles exigences, il refusa catégoriquement.

Des mesures violentes suivirent de part et d'autre la mésintelligence qui venait d'éclater. Sir John Bowring, gouverneur de Hong-kong, fit reprendre encore une fois les forts du Bogue; des canonnières croisaient incessamment dans le fleuve. Yeh, de son côté, interdisait le commerce avec les Anglais, ordonnait à tous les Chinois de Hong-kong de quitter la colonie, et laissait la population de Canton incendier les factoreries. On n'était pas accoutumé à ces façons d'agir. L'irritation des Anglais fut à son comble. Une expédition commandée par l'amiral Seymour se dirigea sur Canton, bombarda la ville et incendia deux de ses faubourgs, laissant sans abri une population de cinquante à soixante mille âmes. L'Europe entière a retenti de cette exécution barbare autant qu'inutile, après laquelle l'amiral, effrayé des proportions que prenait la lutte et sans instructions de son gouvernement, dut rétrograder et attendre. Il se contenta de bloquer la rivière.

C'est alors que la France prit le parti de jeter, elle aussi, son épée dans la balance. La cause de la querelle était inique ; les intérêts agités n'étaient pas les siens ; elle le savait et ne pouvait se faire d'illusions ; mais le supplice du missionnaire Chappedelaine, les nécessités de l'alliance anglaise, alors légèrement ébranlée, le désir de ne pas rester étrangère aux événements dont la Chine allait être le théâtre, d'intervenir dans ce grand débat conjointement avec la Russie et les États-Unis, une question d'influence lui mit les armes à la main. Au commencement de 1857, une escadre, commandée par l'amiral Rigault de Genouilly et portant M. le baron Gros, ambassadeur de France, se rencontrait à Hong-kong avec la flotte britannique et lord Elgin. Rien ne se fit encore ; l'insurrection de l'Inde venait d'éclater ; elle gagnait comme l'incendie ; un moment on put croire que la péninsule du Gange, ravagée d'un bout à l'autre, allait échapper à ses nouveaux maîtres. Toutes les troupes disponibles furent dirigées sur Calcutta, et l'expédition différée jusqu'au mois d'octobre. A cette époque des renforts étaient venus de Londres ; M. Reed, ministre des États-Unis, arrivait de Washington, l'amiral

Poutiatine de Petropolewski. On pouvait agir. Les plénipotentiaires se réunirent à Macao.

Il fut décidé que de nouvelles propositions seraient
faites au gouverneur, qu'en cas de refus les forces anglo-
françaises s'empareraient de Canton et qu'elles n'en feraient la remise qu'après une satisfaction complète. Le
10 décembre, on remonta le fleuve. De Whampoa, où
mouillèrent les escadres, les ambassadeurs expédièrent
leur ultimatum. Pour intimider les Chinois, ils firent
occuper la grande île d'Ho-nan, devant Canton.

Yeh, toujours aussi inflexible, répondit encore par un
refus formel, et, le 25 décembre, les navires s'approchèrent de la ville. Dans la partie est, on remarqua un
endroit de l'enceinte où le faubourg, ailleurs très-
étendu, ne se composait que de quelques maisons. Il
était facile d'atteindre la muraille, d'y ouvrir une brèche et de donner l'assaut. Ce point fut désigné pour
l'attaque du côté de terre, tandis que du côté de la
rivière les navires bombarderaient la ville. Toutes les
mesures prises, l'action commença, le 28 décembre au
matin.

Cinq mille Anglais et un millier de Français s'avançaient en colonne. On les reçut à coups de flèches et à
coups de fusil ; mais l'ennemi ne tint pas. Ils continuè-

rent à se porter en avant. Un petit fort qui, avec les murailles, formait, à l'est, la seule défense de la ville, fut emporté par les Français. Un peu plus au nord, dans un de ces immenses cimetières qui entourent la ville et où dorment des générations entières, les Anglais soutenaient une très-vive fusillade. Elle continua jusqu'à la nuit.

Le 29, à huit heures du matin, la flotte cessa son feu et les batteries de terre ouvrirent le leur. La brèche fut bientôt praticable; les colonnes d'assaut se précipitèrent; à peine reçurent-elles quelques coups de fusil, il n'y avait presque personne sur les remparts; elles entrèrent, toujours sans résistance. Canton était à nous.

Alors commencèrent les embarras. On n'avait pas trouvé de combattants, on ne trouva personne pour traiter. Les alliés, au nombre de quelques milliers, étaient perdus dans une ville immense, dont la population n'est pas exactement connue, mais qui ne peut-être inférieure à un million d'âmes. Cette ville n'avait plus ni gouvernement, ni autorités, ni police. On était aussi ignorant de sa langue que de ses usages. Trois reconnaissances, poussées dans l'intérieur de Canton, vinrent pourtant mettre fin aux perplexités de lord Elgin et de son collègue. La première réussit à s'empa-

rer du général tartare, la seconde du gouverneur de la
province ; la troisième, que dirigeait le consul d'Angleterre, du fameux Yeh en personne. On réussit à obtenir
des deux premiers qu'ils reprendraient leurs fonctions, et
on leur adjoignit un comité composé de trois officiers.
Quant à Yeh, il fut retenu prisonnier, renvoyé à bord
de l'un des navires de l'escadre anglaise, avec moins d'é-
gards qu'on n'en devait peut-être à un ennemi malheureux, puis dirigé sur Calcutta. Son palais avait été
littéralement vidé par les troupes anglaises. Tous les
quartiers d'alentour étaient saccagés.

A la fin de janvier, l'ordre s'étant à peu près rétabli,
la ville se repeupla et les affaires reprirent leur cours.
On leva le blocus, pour se diriger vers le nord et tâcher
d'entamer des négociations sérieuses avec la cour de Pé-
king. Déjà des dépêches destinées à l'Empereur avaient
été transmises aux autorités de Chan-haï ; mais quand la
flotte parut devant ce port, elle n'y trouva ni plénipotentiaire, ni réponse. Force lui fut de continuer. Le 25 avril
1858, elle était réunie à six milles de l'embouchure du
Pé-ho (1), dans le golfe de Pé-tchi-li. Aucun envoyé

(1) Plusieurs journaux ont reproduit une note de sir John Bowring,
ancien gouverneur de Hong-kong, d'après laquelle on devrait appeler Tien-tsin-ho (rivière de Tien-tsin) et non Pé-ho (rivière du
Nord) celle où vient d'avoir lieu le désastre de l'escadre anglaise. Cette

sérieux ne se présentant, les amiraux prirent la réso-
lution de remonter le fleuve, jusqu'à Tien-tsin, à vingt
lieues de Pé-king.

Cette entreprise était hérissée de difficultés. La côte
du Pé-tchi-li est, en général, excessivement basse ; elle
descend à la mer par une pente insensible. La rivière se
fraye dans les vases un chenal assez étroit qu'il faut
suivre pendant plus de trois milles, et l'embouchure en
est , de plus, embarrassée par un banc de sable, sur

opinion s'appuie sur ce que *les gens du pays* ne l'appelleraient pas autrement, fait qui peut être exact si l'on entend parler des habitants de
Tien-tsin, mais qui nous montre une fois de plus combien sont peu
au courant des habitudes chinoises les personnes qui sembleraient
en devoir être le mieux instruites. A l'exception des cours d'eau célè-
bres dans tout l'Empire, tels que le Yang-tseu-kiang et le Hoang-ho,
les fleuves et les rivières de la Chine changent souvent de nom pour
les populations dont ils traversent le territoire, comme si la Loire
s'appelait tour à tour rivière de Roanne, rivière de Nevers, rivière
d'Orléans, etc., sur les divers points de son parcours. Il est donc na-
turel que les habitants des environs de Tien-tsin ne connaissent point
leur rivière sous un autre nom ; mais sur les cartes de la grande des-
cription géographique de la Chine (*Ta-thsing-i-toung-tchi*) publiée par
ordre de la dynastie régnante, qui fait foi, et que j'ai sous les yeux, la
rivière est désignée sous le nom officiel de Pé-ho (rivière du Nord),
que justifie parfaitement sa situation dans l'Empire. Les cartes européennes seront donc dans le vrai en lui conservant cette dénomination.
Toutefois, en ce qui concerne l'orthographe, je crois devoir écrire Pé-
ho et non Peï-ho. puisque nous écrivons Pé-king (capitale du Nord)
et non Peï-king. Les variations de la prononciation suivant les provinces rendent l'orthographe des mots chinois assez arbitraire, mais
une fois certaines règles adoptées, il est à désirer qu'on s'en écarte le
moins possible, pour éviter les confusions.

lequel, à marée basse, demeurent à peine quelques pieds d'eau. Indépendamment de ces obstacles naturels qui, à eux seuls, pouvaient gêner beaucoup les mouvements de l'escadre, les Chinois avaient construit plusieurs ouvrages.

Un bastion s'élevait du côté du nord; un camp retranché, trois forts et plusieurs batteries défendaient le côté du sud. Rien de tout cela ne ressemblait aux ouvrages informes de la rivière de Canton. Les parapets étaient en terre, flanqués de fossés, et les embrasures laissaient voir un grand nombre de pièces de canon. Une autre batterie enfilait le fleuve, et, chose étonnante, les Chinois avaient très-habilement barré le passage au moyen d'un câble tendu sous l'eau, le meilleur moyen, peut-être, pour arrêter les bâtiments à hélice.

Sans se faire illusion sur les dangers d'une attaque, dans une position si désavantageuse, les amiraux poussèrent en avant. Ils franchirent la barre à la faveur d'une grande marée, et le 20 mai, de grand matin, ils sommèrent les forts de se rendre. A dix heures, ils n'avaient aucune réponse. Le signal fut donné et l'affaire devint bientôt générale. Pendant que les canonnières s'avançaient dans la rivière, la première coupa le câble avec son hélice, ce qui l'obligea de mouiller sur place, sous une grêle de boulets, qui, fort heureusement portaient trop haut. Elle souffrit beaucoup, mais les autres passèrent, et s'embossèrent un peu plus loin.

Les Chinois croyaient si peu à la possibilité de cette audacieuse manœuvre qu'ils avaient négligé de fermer leurs ouvrages à la gorge et que toutes leurs pièces étaient pointées sur l'entrée de la passe. Une fois dans le fleuve, les canonnières n'étaient plus exposées qu'au feu de la batterie qui l'enfilait. Il ne fallut qu'une heure et demie pour endommager beaucoup les ouvrages ennemis et rendre le débarquement possible. A cet instant, le fort du Nord et la batterie d'enfilade venaient d'être abandonnés. On les occupa.

Du côté du sud, les troupes n'avançaient que péniblement, dans une vase épaisse où l'on enfonçait jusqu'aux genoux. L'ennemi, découragé, les laissa faire. Il évacuait lentement ses derniers ouvrages à mesure que les soldats y pénétraient. Au moment d'être atteints par les nôtres, l'officier chinois qui commandait sur ce point, se jeta par terre à plat ventre, et se coupa la gorge avec son sabre.

On trouva dans les forts de très-beaux canons en bronze. Notre artillerie y avait fait d'affreux ravages, et les alliés, en contemplant ces ruines sanglantes, ne purent s'empêcher d'admirer la manière dont leurs adversaires s'étaient comporté.

Les Anglais perdirent 30 hommes tués ou blessés; les Français, 85, dont 7 officiers, par suite de l'explosion de l'un des forts.

Ces reconnaissances ne laissèrent aucun doute sur la possibilité de remonter le fleuve, du moins jusqu'à Tien-tsin. On passa outre, et le 23 mai, les ambassadeurs vinrent s'installer dans une pagode pour y attendre l'effet de leur victoire.

Deux hauts commissaires, investis des pouvoirs les plus étendus, arrivèrent le 3 juin suivant. Ils échangèrent leurs cartes avec lord Elgin, le baron Gros, M. Reed et l'amiral Poutiatine. Ces derniers avaient rejoint l'armée dans le golfe de Pé-tchi-li. Quatre traités sortirent successivement des conférences officielles; les traités russe et américain, qui portent la date du 18 juin; le traité anglais, qui est du 26; le traité français, qui fut signé le 27. Ils stipulaient, en faveur des alliés, le droit d'entretenir une représentation permanente à Pé-king, ouvraient de nouveaux ports au commerce européen, et fixaient à 15 milllions de francs l'indemnité due à la France, à 30 millions celle de l'Angleterre. Les ambassadeurs déclarèrent en outre qu'ils ne quitteraient pas Tien-tsin avant que l'Empereur eût ratifié les divers traités. C'était encore un coup d'audace, car, au delà de cette ville, le fleuve devenait impraticable pour les canonnières, et quelle que fût la valeur des troupes de l'expédition, on ne pouvait songer à pénétrer plus avant au milieu de cette fourmilière humaine. Pour tout compromettre, il suffisait d'un refus de l'Empereur. Qu'eussent fait alors les plénipotentiaires? Revenir à Canton sans avoir rien obtenu, c'était plus qu'une défaite, c'était un échec moral dont les alliés se fussent difficilement relevés; marcher sur Pé-king, s'ouvrir une trouée jusqu'à la capitale de l'Empire, c'était, avec si peu de monde, à peu près impraticable; le flot se fût refermé sur eux. Heureusement l'Empereur signa.

Leur mission terminée, les forces anglo-françaises évacuèrent Tien-tsin et reprirent leur mouillage du Pé-ho. Quelques jours après, elles quittaient le Pé-tchi-li, ne laissant que des ruines à l'embouchure du fleuve.

Cette guerre, comme les précédentes, permit à tous de reconnaître avec quelle abnégation le Chinois sait faire le sacrifice de sa vie. Chacun s'étonna de ce mépris de la mort dont on vit des exemples à peine croyables, presque absurdes, tant ils étaient inutiles. Quand les Chinois évacuèrent les forts, sous le feu des alliés, poursuivis par eux à la baïonnette, ce fut avec un tel ordre et une telle lenteur qu'on les eût crus à la parade. Dans les ambulances, pas un cri, pas une plainte n'échappait à leurs blessés, et il y en avait d'affreusement mutilés. On put aussi remarquer quels progrès ils avaient faits. Ils avaient d'excellents canons, beaucoup de très-fort calibre; ce n'étaient plus ces machines informes dont je parlais tout à l'heure. La construction de leurs ouvrages rappelait le système de fortification européen; ils étaient en terre, bien établis et entourés de fossés. S'ils n'eussent négligé de les fermer par la gorge, l'affaire du Pé-ho eût pu devenir très-sanglante. Les Chinois s'habituaient à la guerre à mesure que la guerre venait les chercher; on leur montrait des soldats, et avec cet esprit d'imitation qui les caractérise, ils commençaient à les copier : ils se défendaient bien, ils tuaient déjà mieux.

Durant cette campagne anglo-française, les officiers et les matelots de notre marine eurent à subir de tristes spectacles, objet d'une pénible surprise pour ceux qui ne savaient pas encore comment la nation européenne de la Grande-Bretagne entend les lois de la guerre vis-à-vis des barbares de l'Asie ; des scènes journalières de pillage et de dévastation, le mépris le plus complet de la vie humaine, quand l'être humain ne respire pas sous un habit européen.

Après la prise de Canton, le 29 décembre, c'était une jeune femme que les Français ramassaient expirante éventrée par une baïonnette anglaise, les poignets ensanglantés, les oreilles arrachées, expiant le crime d'avoir voulu sauver ses boucles d'oreilles et ses bracelets. Les soldats de la reine parcouraient les rues, le fusil dans la position du chasseur en quête, prêts à faire feu sur toute créature vivante qui viendrait à se montrer. Homme ou femme, adulte ou enfant, peu importait le point de mire, et le cadavre était aussitôt dépouillé.

Ailleurs, le 18 mars, c'était un malheureux soldat blessé, les deux jambes brisées, qui s'accrochait aux cordages d'un navire anglais, et qu'on pendait tout sanglant à la grande vergue, dédaignant de faire un Chinois prisonnier.

Plus tard, au Pé-ho, tandis qu'on négociait la paix de Tien-tsin, et tandis que l'amiral français prenait les mesures les plus sévères pour qu'aucun désordre ne fût commis par esprit d'imitation, des officiers anglais eux-mêmes donnaient ouvertement à leurs hommes l'exemple des plus déplorables excès. On les voyait partir pour le village de Ta-kou, munis de haches et de petites charrettes, que conduisaient des matelots d'élite et qui n'étaient jamais vides au retour.

De tels actes, si contraires au sentiment du devoir militaire, tel que nous le comprenons, impressionnaient vivement les marins de notre escadre, dont les correspondances, unanimes à citer les faits qu'on vient de lire, exprimèrent souvent un regret amer d'avoir à partager une si rude solidarité.

Quant au but de l'expédition, avait-il été sérieusement atteint? Le sang versé devait-il au moins porter des fruits durables? Les stipulations des traités de Tien-tsin devaient-elles passer dans la pratique, ou n'étaient-elles qu'une lettre morte, souscrite l'épée sur la gorge, pour détourner une invasion? On a été jusqu'à dire que l'Empereur les ignore encore, qu'on supposa sa signature, et que de faux plénipotentiaires souscrivirent de faux traités. Je ne sais ce qu'il peut en être, mais je puis hardiment assurer que quelques-unes des clauses souscrites étaient trop contraires à l'esprit de la société chinoise, aux préjugés séculaires de son gouvernement, pour que l'avenir ne laissât pas pressentir de nouvelles complications. L'Asie n'est pas l'Europe, où l'on fait la guerre pour avoir la paix ; en Chine la guerre appelle la guerre; plus on la fera, plus il faudra la faire, et l'on tournera constamment dans ce cercle vicieux de concessions inexécutables, inexécutées le lendemain de la lutte.

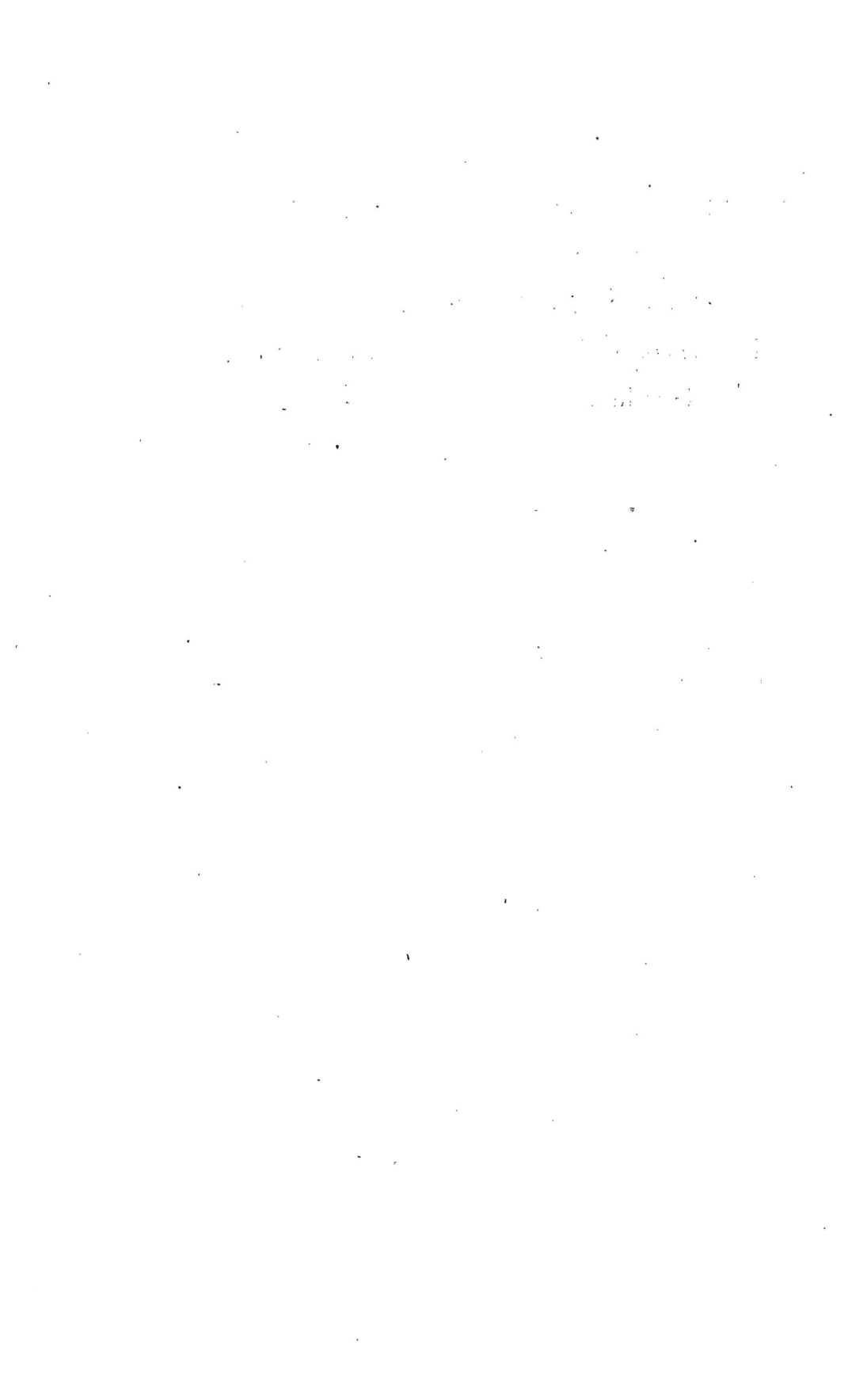

X

Affaire du Pé-ho. — Derniers événements.

Nous touchons aux événements récents qui attirent en ce moment l'attention de toute l'Europe.

On lisait le 13 septembre, en tête de la partie officielle du *Moniteur* :

« Aux termes de l'article 42 du traité signé à Tien-tsin, le 27 juin 1858, les ratifications devaient être échangées à Pé-king, et les ministres de France et d'Angleterre avaient, en conséquence, quitté Chang-haï pour se rendre dans la capitale de l'Empire, après avoir annoncé leur départ au commissaire du gouvernement chinois. Arrivés le 20 juin à l'embouchure du Pé-ho où ils avaient été précédés par l'amiral Hope, commandant les forces navales de S. M. Britannique, *ils tentèrent inutilement de se mettre en rapport avec les*

8

autorités chinoises. L'accès du fleuve avait été fermé
par des estacades. L'amiral Hope et le capitaine Tricault,
commandant *le Duchayla, durent* essayer de forcer l'entrée. Les forts du Pé-ho ouvrirent aussitôt le feu de
toutes leurs batteries qui avaient été rétablies et armées
de pièces à longue portée ; les alliés, ne disposant pas
de forces suffisantes, ne réussirent pas à l'éteindre,
malgré la bravoure héroïque déployée par les marins
anglais et français et par leurs officiers. Après un combat de plus de quatre heures, trois canonnières anglaises
avaient été coulées, et 478 officiers et marins, dont 14
français avaient été mis hors de combat ; l'amiral Hope
et le commandant Tricault étaient eux-mêmes légèrement blessés. Ne pouvant soutenir une lutte inégale
avec *des forces qui n'avaient été combinées que pour faire
escorte* aux envoyés de France et d'Angleterre, les alliés
devaient se retirer, et ils étaient de retour à Chang-haï
le 9 juillet.

« Le Gouvernement de l'Empereur et celui de S. M.
Britannique, se concertent pour infliger le châtiment et
pour obtenir les réparations qu'exige *un acte aussi
éclatant de déloyauté.* »

Le 15 du même mois la plupart des journaux de
Paris publiaient, d'après la *Patrie,* une longue lettre

de M. de Chassiron, l'un des secrétaires qui faisaient partie de l'ambassade. Cette lettre est datée de Chang-haï, 14 juillet 1859. Je la reproduis textuellement :

« Le 2 juin dernier, les légations de France et d'Angleterre, ayant à leur tête, l'une, M. de Bourboulon, déjà ministre en Chine, l'autre, M. Bruce, frère de lord Elgin, dernier commissaire extraordinaire anglais, quittaient Hong-kong et se donnaient un premier rendez-vous à Chang-haï, pour faire ensuite route de concert vers le Nord.

« Tout à fait conforme sous ce rapport au programme pacifique de l'échange des ratifications d'un traité de paix, la légation de France se rendait au Pé-tchi-li sur un seul navire de guerre, la corvette *le Duchayla*, éclairée par une mouche, le *Norsagaray*, bâtiment de rivière inoffensif n'ayant pour tout armement que deux pièces de douze à pivots, et uniquement destiné, par son faible tirant d'eau, à remonter le Pé-ho jusqu'à Tien-tsin, seul moyen de transport d'ailleurs, que l'escadre de Cochinchine se fût trouvée à même de mettre à la disposition de la légation de France en Chine.

« *Le départ de la légation anglaise avait un caractère très-différent, il indiquait des idées moins pacifiques.*

M. Bruce, en prévision d'événements, résolu qu'il était, d'autre part, de chercher par tous les moyens en son pouvoir à parvenir à Pé-king, où l'entrée de la légation russe était annoncée comme un fait accompli, *se faisait escorter de deux frégates, de trois corvettes, de deux avisos et de neuf canonnières, le tout portant en dehors des équipages respectifs, une force de 1500 hommes de débarquement.*

« A Chang-haï, les deux ministres passèrent quelques jours à prendre entre eux des arrangements diplomatiques que je n'ai pas à apprécier ici; *et après avoir refusé l'un et l'autre toute entrevue aux deux hauts commissaires chinois, Kouei-liang et Hoa-cha-na, les signataires du traité de Tien-tsin,* ils se donnaient un second rendez-vous dans le Pé-tchi-li, aux bouches du Pé-ho, qu'il s'agissait de remonter jusqu'à Tien-tsin, avant de prendre, toujours de concert, la route de la capitale de l'Empire.

« En effet, le 21 juin, nous ralliions la flotte anglaise dans les eaux du Pé-tchi-li, et nous sommes joints à quelque distance par le ministre des États-Unis, M. Ward, qui n'amenait avec lui qu'une corvette et qu'un aviso léger.

« Déjà, à notre arrivée, l'amiral Hope, commandant en chef de l'escadre de Chine, qui nous avait devancés de

deux jours au Pé-ho, avait entamé, avec les forts de la rivière des pourparlers qui, nous apprit-il, n'avaient amené
aucun résultat satisfaisant. A sa demande de faire fran-
chir par ses canonnières l'entrée du Pé-ho, afin de porter
à Tien-tsin la légation anglaise, la réponse des autorités
militaires des forts, transmise par un officier mandarin
d'un rang inférieur, avait été que les ordres de Pé-king
étaient formels, qu'ils prohibaient à qui que ce fût tout
droit d'entrée dans la rivière ; que toutefois des puis-
sances amies, l'Angleterre entre autres, ne devaient se
blesser en rien de cette prohibition, mesure de sûreté
prise uniquement contre les rebelles chinois; que cela
était si vrai, que les intentions de l'Empereur, intentions
amicales, étaient si bien restées les mêmes à l'égard des
alliés qu'il les faisait engager à se rendre à un autre
bras de rivière, à dix milles du Pé-ho, où, s'ils ne pouvaient le remonter avec leurs canonnières, ils seraient,
sans bref délai, rejoints par les grands mandarins Kouei-
liang et Hoa-cha-na, attendus du Sud d'un jour à l'autre,
et chargés d'accompagner les plénipotentiaires à Pé-king.

« Cette réponse parut inacceptable au ministre d'Angleterre et, d'accord avec son collègue de France, il
arrêta que, le refus des Chinois lui paraissant de nature à couper court à toute action ultérieure de la diplo-

matie, son rôle était fini; qu'il déléguait donc ses pouvoirs à l'amiral Hope, chargé d'ouvrir par la force le
passage refusé.

« Dès lors, on le voit, la question était tranchée; elle
devenait purement militaire. Une reconnaissance aux
bouches du Pé-ho fut décidée pour le surlendemain, et
il fut également décidé que le commandant du *Duchayla*,
seul représentant dans cette nouvelle situation du pavillon militaire français, accompagnerait l'amiral dans
cette reconnaissance; qu'il resterait sous ses ordres pendant le cours des opérations qui allaient s'ouvrir, et continuerait à y prendre part.

« Au jour indiqué la reconnaissance eut lieu; elle con-
stata d'abord que les forts du Pé-ho, reconstruits dans
des conditions très-différentes de celles qu'ils présen-
taient l'an dernier, alors que les amiraux Rigault de
Genouilly et Seymour les avaient attaqués et détruits,
avaient aujourd'hui des apparences redoutables, essentiellement européennes; que les nouveaux ouvrages de
défense en terre ou argile se composaient de cavaliers, de batteries rasantes battant la mer dans toutes
les directions, derrière un banc de sable, défense natu-
relle par elle-même des plus formidables; de feux croisés
couvrant la rivière sur un espace d'à peu près deux

milles, et surtout de trois rangs successifs-d'estacades
fermant le goulet de cette même rivière et formés, le
premier de chevaux de frise en fer, le second de pilotis
énormes, reliés entre eux par de fortes chaînes ; le troisième de ces mêmes pilotis, sur une profondeur de quarante mètres, en remontant la rivière, les trois barrages
n'offrant eux-mêmes, au milieu d'eux, que d'étroits passages, qui ne se correspondaient pas en ligne droite ;
tout cet ensemble de défenses, exigeant des moyens d'attaque sérieux.

« Cette reconnaissance avait également à peu près démontré que les forts étaient défendus par un corps de
troupes dont il était difficile d'apprécier le chiffre, mais
qui devait être considérable, d'après quelques rensei-
gnements antérieurs, et qui se composait, non plus de
Chinois ou de Mantchoux, mais d'un élément nouveau,
de Mongols, race guerrière habitant au delà de la grande
muraille, qui rentrait sur la scène politique, après plusieurs siècles d'exclusion du sol chinois, sous les ordres
d'un prince ayant un caractère semi-religieux, semi-
guerrier, et que l'on nomme San-ko-lin-tsing (plus
communément connu sous le nom de San-ouan).

« Ce chef est le même qui, l'année dernière, pendant
notre séjour à Tien-tsin, couvrait Pé-king avec un corps,

disait-on, de 30 000 hommes. Dans sa jeunesse, il a été *lama* en Tartarie, c'est-à-dire sectateur de Bouddha ; il est oncle de l'empereur de la Chine régnant, et de tous les généraux chinois, il est le seul qui ait réellement réussi à battre les rebelles du Sud et à les refouler sur Nan-king, alors qu'ils cherchèrent à envahir les provinces du Nord. Tous ces titres en font un personnage considérable et redouté même par l'autorité qu'il sert.

« Mais, revenant à la reconnaissance des forts du Pého, ce que l'amiral ne put vérifier avant l'attaque, soit que la distance d'où il observait fût trop grande, soit pour tout autre motif qui ne m'est pas connu, ce fut le nombre d'embrasures dont était percé l'ensemble des ouvrages de défense, et que les Chinois avaient habilement masquées avec des nattes de joncs, et la valeur des pièces armant ces mêmes embrasures. Plus tard, il fût établi que le front des ouvrages présentait 66 pièces d'artillerie, et d'après les projectiles, qu'elles étaient des calibres de 42, 68 et 80.

« En présence d'aussi formidables ressources chez l'ennemi, et le projet d'attaque une fois maintenu, la question première et importante pour l'amiral anglais était d'ouvrir d'une façon ou d'une autre, et sans se préoccuper au début des forts faisant face au Pé-tchi-li, un passage aux canonnières, qui, une fois ce passage pratiqué, se lanceraient dans la rivière à toute vapeur, afin d'amoindrir l'effet meurtrier des batteries à demi-portée, et après avoir dépassé le feu de ces batteries, jetteraient à terre, sur un point quelconque, des troupes destinées à prendre les forts à revers et à les enlever.

« Tel fut le plan d'attaque arrêté par l'amiral Hope, qui, pour l'assurer, envoya la nuit même, à la bouche du Pé-ho, des embarcations dont la mission était d'arracher le plus de pieux qu'elles pourraient aux trois rangs d'estacades, afin de frayer à l'élan de ses canonnières la plus large voie possible. Cette tentative ne réussit pas : un ou deux chevaux de frise de la première estacade purent seuls être enlevés, et les embarcations durent se retirer avant le jour, n'ayant reçu que quelques coups de canon.

« L'insuccès de cette première opération ne changea rien aux résolutions des Anglais, et le lendemain 25, à deux heures et demie, neuf canonnières et deux *dispatch vessels* (grandes canonnières), chargées de troupes de débarquement, et auxquelles s'était rallié l'aviso français portant le commandant du *Duchayla*, 3 officiers et 58 marins, seul contingent qu'eût pu envoyer notre corvette, s'étant embossés sur une seule ligne, en dedans de la barre de sable indiquée plus haut, le feu commença.

« Les Anglais avaient résolu de ne pas entamer les hostilités, et d'attendre qu'elles vinssent des forts; ils avaient donc envoyé en avant deux canonnières avec l'ordre de s'engager résolûment dans les rangs des estacades et de chercher à y faire la route au reste de la flottille. Les Chinois laissèrent, en effet, ces deux canonnières s'engager entre le 1er et le 2e rang de pilotis; mais alors seulement ils ouvrirent sur elles un feu si meurtrier et si bien dirigé que, sur la canonnière la plus avancée, entre autres, un projectile énorme renversa, tués ou blessés, 17 hommes, et qu'un instant après, un autre boulet enlevait la tête du commandant; ce fut le moment du feu général, et c'est alors aussi que se démasqua la totalité des embrasures des forts.

« Pendant trois heures, sans nulle interruption, le feu se maintint terrible de part et d'autre, avec un acharnement héroïque du côté des Anglais, malgré les ravages causés sur des canonnières découvertes, par une grosse artillerie abritée derrière d'excellents revêtements de terre, et servie avec une ténacité singulière, une sagesse méthodique.

« Ce ne fut qu'à cinq heures et demie après avoir eu

trois de ses cannonières coulées par le feu des forts et restées depuis en leur pouvoir, malgré tous les efforts tentés
pour les sauver; ce ne fut qu'après avoir vu ses équipages
décimés, et avoir constaté l'impuissance de son artillerie
contre les ouvrages de terre où ses plus gros projectiles
allaient s'enfoncer, sans les entamer, que l'amiral Hope
résolut de tenter une chance suprême, toute hasardeuse
qu'elle fût, celle d'un débarquement immédiat.

« Là, encore, un nouveau désastre attendait les armes
anglaises.

« Les troupes de débarquement avaient à enlever de
front deux cavaliers situés en face de la ligne d'embossage des canonnières : mais au lieu de pouvoir débarquer sur un sol ferme, les compagnies d'attaque se trouvèrent forcées de traverser 600 mètres de vase et de
boue avant de toucher au terrain solide sur lequel s'é-
lèvent les forts; la nuit d'ailleurs arrivait. Les hommes
ne s'en jetèrent pas moins, pleins d'ardeur, dans cette
mer de vase qui souvent leur montait jusqu'à la poi-
trine. Mais ils avaient trop présumé de leurs forces, et
c'est à peine si quelques dizaines d'hommes purent atteindre le pied des fortifications, pour se trouver, là encore, en face de nouveaux obstacles : trois fossés pro-
fonds et pleins d'eau ceignant le front des cavaliers.

« Les hommes étaient épuisés, les armes mises hors d'état de service par la boue qui les remplissait; la plupart privés de ces mêmes armes qu'ils avaient dû sacrifier à leur propre salut dans la vase où ils s'étaient jetés, et écrasés par une grêle incessante de projectiles de toutes sortes, mitraille, balles, flèches qui pleuvaient sur eux du haut des ouvrages, qu'ils s'étaient trouvés sans force pour escalader. Parmi ces hommes se trouvaient le commandant, 3 officiers et 4 hommes du *Duchayla*, parvenus au pied des murailles.

« Aussi, après trois heures d'efforts impuissants, quand il fut bien reconnu que la lutte était impossible, et que la prolonger serait un acte de folie, chacun regagna comme il put les embarcations, escorté par la mitraille des forts. Les pertes avaient été très-graves; un seul bataillon de 400 marins débarqués en laissa 112 derrière lui, tués ou noyés dans la vase, et ayant presque tous ses officiers atteints.

« Dès lors le désastre était consommé, irréparable ; l'amiral le comprit avec douleur, et ordre fut donné par lui de commencer, dès le lendemain, à écouler en rade les morts et les blessés sur leurs bâtiments respectifs. Triste et lugubre spectacle que nous eûmes sous les yeux pendant trois jours, et que rendait plus lugubre encore la vue de cadavres précipitamment ensevelis dans la mer, et qui revenaient sans cesse flotter, à la surface de l'eau, autour de nos navires.

« Voici maintenant la récapitulation faite des pertes totales de cette triste journée du 25 :

« Sur 1500 hommes engagés, y compris les équipages des canonnières, les Anglais ont eu 464 tués ou blessés, dont 8 officiers tués et 28 blessés. L'amiral Hope, grièvement blessé à la hanche par un éclat d'obus, est en voie de guérison.

« Sur 58 hommes et 4 officiers, chiffre du contingent français, le *Duchayla* a eu 6 tués et 10 blessés, dont le commandant Tricault et l'élève Barg, blessés, tous deux aujourd'hui en pleine voie de guérison.

« De pareils faits et de pareils chiffres parlent d'eux-mêmes.

« Quant au rôle des Américains, qui dans toute cette affaire n'est jamais devenu militant, il a été pendant l'action convenable et digne, il est juste de le reconnaître et de l'établir. La veille au soir des hostilités, le commodore américain Tatnall avait offert à l'amiral anglais d'apporter, lui aussi, son contingent de soldats de marine, tout faible qu'il fût; offre faite cordialement, mais un peu tardivement peut-être ; aussi ne fut-elle pas acceptée. Mais le lendemain, dès que l'action fut engagée, l'aviso américain se tint au premier rang de la ligne d'embossage, *ne tirant pas, il est vrai, un seul coup de canon*, mais se portant partout où il croyait son secours nécessaire, recueillant les blessés et venant en aide aux canonniers les plus maltraités, alors qu'il voyait leurs manœuvres compromises ou embarrassées, tenant en un mot avec calme et courage sa place d'honneur à côté des Anglais.

« *Le ministre américain, qui avait d'abord refusé de croire à l'existence d'un bras de rivière praticable à dix milles du Pé-ho, ayant envoyé reconnaître ce même bras, avait cependant vérifié l'exactitude de l'avis des Mongols de Ta-kou*, et au moment où nous quittions le Pé-tchi-li, il se disposait à faire opérer une seconde exploration sur ce point, afin de s'assurer, avec le secours d'un pilote chinois, qui lui avait été promis par le gouverneur de la province, si le nouveau bras serait praticable jusqu'à Tien-tsin pour un navire du tirant d'eau de son aviso.

« Depuis lors aucune nouvelle des faits et gestes de la légation des États-Unis n'est encore parvenue à Changhaï. Au surplus, dans la situation où la politique américaine s'est placée en 1858, en 1859, vis-à-vis du gouvernement chinois, il ne serait pas impossible d'apprendre d'un jour à l'autre que M. Ward a échangé les ratifications de son traité sinon à Pé-king, du moins à Tien-tsin ou partout ailleurs; le lieu de ce même échange n'ayant pas été spécifié dans le traité, conclu l'année dernière.

« D'ailleurs, et en tenant compte des subtilités traditionnelles de la politique chinoise, un accueil favorable fait au pavillon des États-Unis par la cour de Pé-king, dans les circonstances actuelles et après les faits accomplis, me paraîtrait être, pour elle, le moyen le plus habile, peut-être le moyen unique, de chercher à s'alléger vis-à-vis de l'Europe de la responsabilité des derniers événements du Pé-tchi-li; établissant ainsi, par la nature même de cet accueil, la différence si grave que sa propre dignité comme l'intégrité de son territoire menacé, lui auraient commandé de faire, entre un allié se présentant pacifiquement et un autre, arrivant, au contraire, aux portes de sa capitale, avec toutes les apparences d'une nation sinon hostile, du moins disposée à user de la force.

« Le 5 juillet, *le Duchayla* quittait enfin le golfe du Pé-tchi-li, et le 10 du même mois, les ministres de France et d'Angleterre rentraient dans Chang-haï, tandis que l'amiral Hope allait chercher dans les îles voisines de l'embouchure du Yang-tseu-kiang, aux Saddles, un mouillage favorable.

« En résumé :

« L'amiral a-t-il militairement bien ou mal fait ? Sa reconnaissance dans la journée du 25 a-t-elle été assez complète? Son débarquement a-t-il été opportun? Ce sont là des questions techniques que sera appelée à trancher l'amirauté anglaise, ce tribunal rigoureux qui crut deux fois de son devoir de traduire à sa barre Nelson, son plus grand homme de mer ; école inflexible qui fait non-seulement des marins pratiques, mais encore des officiers comprenant la responsabilité du commandement et la gravité des devoirs qu'il impose. Ne devançons donc pas le jugement d'une pareille juridiction, mais rendons à de vaillantes gens, et c'est là notre droit, l'honneur qui leur est dû et qu'ils ont payé de leur sang.

« Le solide champion de l'Obligado s'est retrouvé tout entier au Pé-ho. Depuis le commencement de l'action, bien que grièvement blessé d'un éclat d'obus, l'amiral Hope n'a pas voulu quitter le lieu du combat, encourageant ses canonnières de sa présence et de son exemple, se portant là où pour elles le danger lui paraissait le plus grand, faisant enfin son devoir de chef dans toute l'exigence du mot. A côté de lui, je le dis avec un certain orgueil qui n'étonnera pas et trouvera même plus d'un écho en France, s'est constamment tenu le commandant de notre corvette, le capitaine de frégate Tricault, lui servant de premier aide de camp, et qui seul, on le sait déjà, avait à tenir notre pavillon dans cette désastreuse aventure. Le commandant Tricault accompagna l'amiral partout où le feu attirait celui-ci, le relevant alors qu'il tombait frappé et ne le quittant à la fin de la journée que pour aller se mettre à la tête d'une poignée de matelots, dès que le débarquement fut résolu.

« Quant à une influence fâcheuse pour les intérêts commerciaux de l'Europe, que pourraient avoir, dans le reste de la Chine, les derniers événements du Pé-tchi-li, mon sentiment est que cette influence sera nulle ; le tempérament moral des Chinois, comme leurs habitudes, m'en sont de sûrs garants. A l'appui de ce sentiment, je citerai en passant l'opinion de fraîche date des autorités mêmes de Chang-haï, définissant le conflit de Pé-ho, « un gros accident local, très-regrettable pour les deux « parties intéressées, mais avec lequel les gens de Chang- « haï ou des autres villes commerçantes et tranquilles « du Sud n'avaient rien à faire. » Ce sera là l'écho général. N'oubliez pas, en effet, que la Chine ne *sent rien,* ne *fait rien* comme les autres peuples du monde; que chez elle tout est contraste ou contradiction.

— « Quant à la valeur et à la portée des actes de la politique française et anglaise dans ces dernières circonstances, je n'ai pas à les analyser aujourd'hui; je me bornerai, à titre d'opinion purement personnelle et dont, par conséquent, je prends la responsabilité, à dire que la politique de la France, pendant la phase d'événements que nous venons de traverser, qu'ils aient été imprévus ou cherchés, et dans les conditions matérielles où se trouvait la représentation française au Pé-tchi-li, *emprunte quelque chose du rôle de ces seconds d'une autre époque, se faisant devoir et honneur d'engager leur épée et leur vie au service d'une cause amie, dans des querelles dont parfois ils pouvaient ou voulaient ne pas apprécier l'origine, mais, qu'en tout cas, à l'heure de la rencontre, leur chevalerie leur défendait de déserter. Reste à savoir si, au XIX*e* siècle, et bien qu'en en appelant directement à nos plus sûrs instincts gaulois, de pareilles traditions sont toujours très-pratiques, sur certains terrains, et si, souvent, il ne peut pas en résulter des effets plus graves que les causes.*

« Encore un mot à l'égard de l'Angleterre et ce mot sera le dernier.

« En matière de politique, cette nation a un sens trop

droit, trop pratique pour qu'elle ne réfléchisse pas sérieusement à l'enseignement du Pé-ho ; pour qu'elle n'admette pas que, si un outrage appelle une réparation, ces mêmes intérêts réclament, de sa part, une protection qui s'appuie sur la prudence aussi bien que sur la fermeté. *Si, par un sentiment national exagéré, selon moi, l'Angleterre ne sentait pas le besoin d'apporter, dans l'avenir de ses relations avec la Chine, des modifications à ses anciens moyens d'action, elle s'exposerait peut-être à provoquer de ces réveils isolés, tels que celui du Pé-tchi-li, et alors, sur la pente toujours dangereuse et incertaine d'une guerre sérieuse avec un peuple de trois cents millions d'habitants, elle pourrait compromettre, avec sa cause, celle du christianisme, de la civilisation.* Elle ne le fera pas.

« CHASSIRON. »

J'ai cru devoir reproduire cette lettre intéressante. Elle est également remarquable et par ce qu'elle dit, et par ce qu'elle laisse entendre, et par ce qu'elle tait.

Que résulte-t-il du récit de M. de Chassiron ?

Il en résulte que, contrairement à la façon d'agir de son collègue, le plénipotentiaire anglais quittait Hong-kong le 2 juin, avec deux frégates, trois corvettes, deux avisos, neuf canonnières et 1500 hommes de débarquement, indépendamment des équipages de l'escadre ; c'est

ce qu'il appelait son escorte ; qu'à Chang-haï, deux hauts
fonctionnaires chinois demandèrent à être admis en sa
présence, et qu'il refusa de les recevoir ; que le général
chinois, commandant les forts du Pé-ho, tout en lui in-
terdisant l'entrée de la grande passe, lui en désignait une
autre par laquelle il pouvait remonter le fleuve ; que
cette passe était praticable, et que le fait fut vérifié par
le ministre américain ; que, nonobstant, M. Bruce, délé-
guant son pouvoir à l'amiral Hope, lui laissa le soin de
s'expliquer avec ses canonnières.

Je ne veux engager dans le débat, ni M. de Bourboulon, dont la faible escorte annonçait les intentions, ni le
brave commandant du *Duchayla*, dont M. de Chassiron
a suffisamment défini l'attitude. Je ne parle que de
M. Bruce, arrivé le premier devant le Pé-ho, le seul qui
fût en mesure d'agir, et je demande de quel côté a été la
provocation ? Je demande quel a été l'agresseur ? Je demande enfin où est « la lâche embuscade » dont parle
le *Times*, et le « guet-apens » du *Morning-Post ?*

Comment! il s'agit d'échanger des ratifications, les
ratifications d'un traité de paix, et l'on part avec cet
appareil de guerre! Depuis quand les diplomates voya-
gent-ils avec des armées, et depuis quand ces armées
ont-elles le droit de violer les frontières d'un peuple

ami ? Vous vous dites les missionnaires de la civilisation ;
vous parlez de droit des gens ? singulière civilisation que
la vôtre ! singulier droit des gens que celui-là ! Vous re-
prochez aux Chinois ce que vous appelez leur barbarie ?
singulier exemple que vous leur donnez !

De deux choses l'une, ou c'était un ambassadeur,
l'envoyé pacifique d'une grande nation, qui se mettait
en route pour remplir une mission pacifique, ou c'était
une expédition militaire qui cherchait un nouveau conflit. Dans le premier cas, pourquoi seize navires et quinze
cents hommes de débarquement ? dans le second cas,
pourquoi crier à la trahison ?

Mais on supposait un piége derrière les offres du
commandant chinois ; on avait lieu de craindre que la
passe indiquée par lui ne fût point navigable ; au moins
devait-on s'en assurer ; la chose en valait la peine. Une
supposition suffit-elle donc pour tirer le canon ; pour
sacrifier cinq cents hommes, un tiers des troupes en-
gagées ; pour compromettre à la face du monde, l'honneur de la Grande-Bretagne et le prestige de son
pavillon ?

Non, cette simple supposition, si gratuite, si dénuée
de fondement, ainsi qu'on a dû le reconnaître plus
tard, ne fut pas le mobile du plénipotentiaire anglais.

Avant d'en arriver à de pareilles extrémités, il eût fait sonder la passe, et, je le répète, il n'en a rien fait. Ce qu'il supposait, c'est que les forts avaient moins d'embrasures, des défenses moins bien établies et des soldats moins résolus : c'est que la seconde affaire du Pé-ho serait la répétition de la première, et, qu'aussi heureux que son prédécesseur, il aurait bon marché de ces Chinois. L'événement l'a détrompé et cette triste journée, que le succès n'eût pas justifié, s'assombrit encore de tant de sang inutilement répandu.

En regard de la lettre de M. de Chassiron, il est bon de placer le rapport suivant du commandant des forts du Pé-ho extrait de la *Gazette de Pé-king*, journal officiel de l'Empire :

« San-ko-lin-tsin, commissaire impérial, prince de Dotolakuti, de la tribu Korchan, a respectueusement présenté un rapport. Il s'empresse de rapporter en détail comment des vaisseaux étrangers, refusant d'obtempérer à des injonctions raisonnables, ont pénétré dans les eaux intérieures et ont commencé à tirer sur nos soldats, lesquels, rendus furieux, ont attaqué et détruit les vaisseaux, dans un combat sanglant qui a duré toute la journée, depuis deux heures de l'après-midi jusqu'à dix heures de la nuit, les troupes ennemies s'étant fait jour jusqu'au pied des fortifications, où elles ont combattu obstinément sans se retirer. Le prince supplie qu'un regard sacré s'abaisse sur ce rapport.

« Il n'ose raconter en détail l'insolence dont les étrangers ont fait preuve pendant plusieurs jours; il suffira de dire que lorsque votre humble sujet Han-fo (le gouverneur de la province du Pé-tchi-li) accourut à Pei-tang et écrivit à leur envoyé au sujet d'une conférence personnelle, ils ne firent aucune attention à lui, mais réitérèrent leur demande, tendante à ce que tous les obstacles fussent levés dans un temps déterminé.

« Dans la nuit du 24, ils s'approchèrent dans un petit bateau des estacades de fer et brisèrent, au moyen d'une bombe, deux des grandes chaînes qui barraient la ri-vière, ainsi qu'un câble en fibre de coco ; ayant alors aperçu notre bateau de garde, ils se retirèrent. Nos hommes ne leur tirèrent pas un coup de feu, mais s'oc-cupèrent immédiatement à réparer les chaînes de fer et barrèrent la rivière comme auparavant.

« Dans la matinée du 25, de bonne heure, plus de dix steamers ennemis ayant pris position devant les es-tacades de fer, juste en face du fort de la côte méridio-nale, trois de ces bâtiments s'approchèrent des esta-cades, et plusieurs nageurs en attachèrent les premières poutres à l'avant des bâtiments au moyen de câbles. Un steamer arriva et entraîna les autres bateaux, et, après un intervalle de six heures, plus de dix pieux étaient arrachés ; en même temps les navires arboraient des drapeaux rouges, montrant ainsi qu'ils voulaient commencer les hostilités.

« Il était difficile d'endurer ces provocations ; néanmoins, réfléchissant que la nouvelle mesure de pacification, qui n'était que dans sa seconde année, serait complétement dérangée si nous ouvrions le feu, nous nous sommes décidés à nous soumettre en silence, et à attendre tranquillement le moment opportun, encourageant ainsi les étrangers dans leur orgueil et nourrissant l'impatience de nos soldats.

« Au moment où l'action allait s'engager, un officier portant une communication du gouverneur de Tien-tsin a été envoyé pour les avertir encore une fois. Les ennemis n'ont pas voulu recevoir la lettre et leurs navires, s'avançant comme un essaim d'abeilles, contre le second fort de la rive méridionale, se sont dirigés droit sur les chaînes de fer ; arrêtés par celles-ci, ils ont ouvert le feu sur nos batteries. Nos soldats, dont l'ardeur avait été contenue pendant longtemps, n'en purent supporter davantage ; les canons de tout calibre, grands et petits, ouvrirent le feu de toute part, et le soir le feu n'avait pas cessé.

« Plus de vingt bateaux se sont alors approchés de la rive du fort méridional, et les ennemis ayant débarqué et s'étant rassemblés en corps devant le fossé, nos divisions de fusils à mèche ont été tournées contre eux et ont tiré pulsieurs volées. Les assaillants n'ont pas osé traverser le fossé : ils se sont couchés dans les roseaux et ont tiré sur nous de derrière leur embuscade. Cette manœuvre, d'un effet meurtrier, porta l'exaspération des nôtres à son comble. Pour venger l'honneur de l'État comme pour remplir l'attente du gouvernement, votre humble sujet Han-fo, qui était posté non loin s'est mis à la tête de sa cavalerie et de son infanterie aussitôt qu'il a entendu la canonnade, et il est arrivé à Ta-kou avec sa réserve sur les derrières de l'ennemi. En même temps Ouan-iu, le commissaire des finances, arrivait de Pao-ting.

« Votre humble sujet a respectueusement rédigé le rapport détaillé du combat sanglant que nos braves soldats ont eu à soutenir contre ces étrangers perfides qui avaient repoussés nos justes représentations. Il demande que le sacré regard de Votre Majesté tombe sur ce rapport et il attend des instructions.

« Envoyé de Ta-kou le 26 juin. »

Le *Moniteur de Pé-king* publie en outre le supplément
suivant :

« Ce matin, au point du jour, votre humble sujet
a rapporté les circonstances diverses d'un engagement
long et sanglant avec des étrangers perfides, qui n'obéissant qu'à leur esprit agressif, n'ont pas voulu écouter
les ordres de la raison.

« Quand leurs troupes s'avancèrent jusqu'au fossé
méridional, et nous provoquèrent au combat, il en
tomba un grand nombre sous le feu de nos hommes,
mais plus de mille des leurs se cachèrent dans les buis-
sons et essayèrent d'avancer. Comme nous ne pouvions
pas savoir à quelle distance ils étaient, nos soldats les
éclairèrent, en lançant des boules de feu au moyen de
tubes de bambou, et celles-ci projetant une vive lumière,
nos fusils et nos canons purent tirer à coup sûr; alors,
l'habileté et les forces des ennemis s'épuisant également,
ils ne purent continuer davantage le combat et
ils se retirèrent lentement vers leurs vaisseaux.

« Il faisait jour quand nos hommes vinrent reprendre leurs rangs. Les ennemis tués étaient empilés en
monceaux; il y avait cent et quelques cadavres, sans
compter ceux qui furent emportés par les bateaux. Il y
avait aussi 41 fusils, et divers objets d'équipement à

l'usage des étrangers ; trois bateaux étaient échoués; dans un de ces bateaux, nous avons trouvé, caché, un soldat ennemi, que nous avons pris vivant. Un autre a été fait prisonnier dans la boue.

« Ces hommes, interrogés, ont déclaré être l'un Anglais, et l'autre Américain ; ils ont dit que pendant l'engagement ils avaient été amenés avec la réserve. Ils disent que les troupes de débarquement comptaient de 1500 à 1600 hommes; que beaucoup ont été tués; que le chef anglais, l'amiral Hope, était sur le premier steamer démâté par notre feu; qu'il a été blessé à la jambe droite et qu'il est couché ne pouvant remuer ; ils disent aussi que les hostilités ont commencé par ordre de ce chef.

« Votre humble sujet Han-fo a nommé un officier pour garder les prisonniers, pensant qu'un jour peut-être il y aura un moyen de manifester des intentions conciliantes.

« Il paraît que, des treize navires ennemis qui ont été engagés le 25, les uns étant coulés et les autres désemparés, un seul a pu sortir de la rivière ; les autres ont tant souffert qu'ils n'ont pu s'éloigner.

« 26 juin. »

Qu'on lise ces deux documents et qu'on les compare

avec les pièces qui précèdent. On verra combien les faits y sont exactement rapportés et combien ils sont conformes au récit de M. de Chassiron. Ils ne nous apprennent qu'une circonstance ignorée de ce dernier, parce qu'il était arrivé trop tard; l'intervention personnelle du gouverneur de la province. Mais M. Bruce qui n'avait pas voulu recevoir les commissaires impériaux, venus tout exprès à Chang-haï, en avait usé de même vis-à-vis de lui.

Nous venons d'examiner les pièces du procès. Maintenant que dit l'opinion?

Sans doute, à la première nouvelle d'un aussi grand désastre, avant qu'on en sût la cause, et que le secret n'en fût connu, l'opinion publique s'est fortement émue. On croyait à un guet-apens, et on demandait une éclatante réparation.

On avait si souvent parlé de la barbarie des Chinois, qu'une trahison de plus n'avait rien qui pût surprendre, il fallait la châtier, voilà tout. Puis, les détails sont venus; à mesure qu'ils arrivaient, on s'est pris à réfléchir, on a mieux compris le drame du Pé-ho; on a mieux vu ce qu'il cachait. Alors la lumière s'est faite; un revirement s'est opéré dans les esprits. La presse française, a suivi le mouvement de l'opinion. Je pourrais citer vingt articles qui témoignent de ce retour à des idées plus vraies, à une plus saine appréciation des faits. Un seul suffira, parce qu'il est caractéristique.

« Dans le fait d'agression qui nous est signalé, » dit l'*Opinion Nationale* : « Tout est-il bien, en équité, contre les Chinois? — Ont-ils tous les torts? — Exemple : il s'agit de ratifier un traité de paix avec le gouvernement français, à Paris. Une escadre armée, à bord de laquelle sont les ambassadeurs de la nation qui contracte avec la France, est chargée d'attendre la ratification, en vue du Havre. — On offre aux ambassadeurs une escorte française, d'honneur et de sécurité, pour accompagner les plénipotentiaires jusqu'à la capitale, mais en défendant à leur armée navale d'entrer dans la Seine. Ceux-ci refusent la voie qu'on leur dit sûre, et préfèrent forcer le passage de Quillebœuf avec leurs bricks de guerre et leurs canonnières. — Les forts de la Seine les bombardent et les forcent de reculer. N'est-ce pas tout simple? Permettrions-nous à une escadre anglaise de remonter la Seine et de venir s'embosser sur le quai des Tuileries?

« Dans le fait, ce n'était plus une *ambassade*, c'était une *expédition de guerre*. — Mais les Anglais, dira-t-on, ont le droit de se méfier de la loyauté chinoise — Eh!

les Chinois, comme presque toutes les nations du globe, n'ont-ils pas le droit aussi fondé de se méfier de la bonne foi britannique ? Et, n'est-ce pas une vraie honte pour la vieille loyauté française que de se montrer solidaire de la *foi punique* anglaise, aux yeux d'un peuple comme la Chine, qui ne connaît la civilisation britannique que par les faits et gestes de la Compagnie des Indes?

« Examinons sans passion, et froidement, tout ce qui se passe en Chine, et jugeons-le comme nous jugerions — d'après le droit des gens — ce qui se passe en Europe.

« D'après ce droit, qui a tort, qui a raison? Que la conscience française prononce?—On devait faire, comme les Américains et les Russes, c'est-à-dire aller sur la foi des traités à Pé-king, sans cortége armé. Si le traité n'avait pas été ratifié, si l'on avait été joué, alors on devait forcer le passage; mais non pas avant ! — Ne calomnions personne, pas même les Chinois. »

Quant à la presse anglaise, si vives que soient les déclamations de quelques-uns de ses organes, il ne faudrait pas la croire unanime. Elle compte encore des hommes loyaux, qui savent avoir tort quand ils ont tort, et je lis dans le *Morning-Chronicle* :

« L'attaque faite au Pé-ho était inexcusable et , lors même qu'elle eût réussi, elle aurait eu des inconvénients. Le cabinet doit décider lui-même jusqu'à quel point nos intérêts exigent des concessions en prescrivant la marche à suivre pour les obtenir. On ne doit plus laisser à des envoyés ou à des gouverneurs irritables ou incapables, la liberté de nous engager dans une guerre, selon que leurs caprices les y porteraient. »

l'antipode de notre civilisation. Le Chinois a d'autres désirs, d'autres usages, d'autres préjugés que les nôtres. Notre progrès, dont nous sommes si fiers, non-seulement il ne l'admire pas, mais il ne le comprend pas; non-seulement il ne le comprend pas, mais il le repousse, parce qu'il serait la négation de tout ce qu'il fait, de tout ce qu'il aime, de tout ce qu'il respecte.

Il a tort, c'est possible; là n'est pas la question. Il suffit que cela soit. Sommes-nous d'ailleurs beaucoup plus justes, avec notre supériorité tant vantée? les comprenons-nous mieux, ses usages? les admettons-nous mieux, ses préjugés? Nous en sommes encore aux chinois de porcelaine; nous rions de bon cœur à la lecture d'une dépêche travestie par quelque traduction ridicule (1). Qu'est-ce que cela prouve? Cela ne prouve que

(1) Le travestissement de toute espèce de documents chinois est devenu de règle invariable.

Exemple : étant donné à traduire un texte qui porte littéralement :

« Chacune de ces nations étrangères est gouvernée par un souverain qui peut être un homme (*nân*) ou une femme (*niu*). Il règne pour la vie ou pour un temps. Les Anglais sont gouvernés par une femme; les Français et les Américains par un homme. »

On traduit :

« Quant aux gouvernements des barbares, chacun de leurs États a un gouverneur, mâle ou femelle, qui reste au pouvoir pour la vie ou pour un temps. Les barbares anglais, par exemple, sont gouvernés par une femelle. Les Américains et les Français par un mâle. » (Ex-

notre ignorance. Que diriez-vous si j'ajoutais qu'ils connaissent la géographie de l'Europe autrement que nous
ne connaissons la leur, qu'ils sont au courant de tout ce
qui se passe au delà des deux océans, et qu'ils savent
parfaitement à Pé-king ce qui s'imprime à leur sujet?
Croyez-vous qu'ils ne rient pas, eux aussi, quand nos
caronades leur en laissent le temps?

Examinons donc sérieusement, une fois par hasard,
cette question chinoise; cessons de nous payer de mots
et de tout peser à notre balance. Ne soyons pas plus
exclusifs que les Chinois. Ce qui nous paraît bizarre,
ils le trouvent tout simple, et quelquefois, qui a raison?
Ce qui nous paraît bien, ils le trouvent mal, et quelquefois, qui a tort? Ils croient qu'on a le droit de vivre
chez soi et de s'y trouver heureux; ils ne croient pas
qu'on ait le droit de faire cinq mille lieues pour leur
tuer des hommes et leur brûler des villes. C'est encore
un préjugé, si l'on veut, mais enfin, il s'explique. Ils
n'estiment pas qu'un traité les lie, quand ils l'ont signé
le couteau sur la gorge. Pur préjugé, je l'admets

trait d'une lettre de Ki-yng, reproduite par la plupart des journaux
de Paris et des départements, du 3 au 7 octobre.)
  Si c'est sottise du traducteur, c'est du traducteur qu'il faut rire. Si
ce n'est que la continuation d'une plaisanterie toujours la même,
c'est manquer de respect au public que de la prolonger indéfiniment.

toujours, mais au moins tenez-en compte et sachez ce qui vous attend.

Je continue.

Après avoir montré l'état de la société, j'ai parlé de la religion. J'ai dit que tous les cultes étaient tolérés en Chine, que les bouddhistes, les sectateurs de la doctrine de Lao-tseu, les musulmans eux-mêmes étaient admis aux emplois publics ; que longtemps il en avait été de même pour les chrétiens, et que les persécutions ne commencèrent qu'à l'époque où les empereurs, fort à tort, je le reconnais, crurent leur autorité menacée.

La conséquence est facile à saisir.

Si les gouvernements européens se sentent disposés à prêcher une croisade et à en supporter tous les sacrifices ; s'ils n'entreprennent cette croisade qu'avec la ferme volonté de la poursuivre jusqu'au bout, coûte que coûte, et de terminer, quand même, l'œuvre qu'ils auront commencée, alors, je n'hésite pas à l'affirmer, ils peuvent compter d'avance sur la reconnaissance des missions. Elle serait immense, elle serait méritée. Mais si le bras qui s'avancerait pour les protéger devait se retirer ensuite ; s'il s'agissait d'une simple démonstration, d'une nouvelle expédition de 1858 ; si l'on devait revenir comme on serait allé, en ne laissant derrière soi que des ruines ;

si la campagne ne devait avoir d'autre résultat que de faire rejaillir sur nos missionnaires, les haines que nous aurions soulevées; alors, et je parle ici avec une conviction profonde, mieux vaudrait n'avoir rien fait; mieux vaudrait les laisser seuls à leur œuvre d'abnégation et de foi; leurs pacifiques conquêtes seraient plus durables que les nôtres, et le sang de leurs martyrs plus fécond que celui de nos soldats.

Poursuivons.

J'ai cru devoir donner un aperçu rapide des relations de la Chine avec les Européens, avec les Portugais qui lui envoyaient leurs pirates, avec les Anglais qui, la première fois qu'ils parurent dans ses mers, s'y annoncèrent à coups de canon. J'ai raconté leurs exigences et le genre de civilisation qu'ils lui apportaient. La civilisation, c'était la guerre; la civilisation, c'était l'opium; le désordre et l'empoisonnement. La Chine n'a voulu, ni de l'un, ni de l'autre; elle s'est imaginée, avec ses idées de routine, qu'un gouvernement pouvait faire respecter ses lois et s'inquiéter de la santé de ses sujets; il lui en a coûté deux invasions, des milliers d'hommes et des millions de dollars. L'acte diplomatique qui consacre cette singulière jurisprudence, on l'appelle le traité de Nan-king.

J'ai montré comment, en 1858, l'Angleterre avait à se

consoler de la guerre d'Orient, de cette guerre commencée sans elle et terminée malgré elle. Elle avait été malheureuse à Inkermann; elle fut plus heureuse au Pé-ho. Elle avait échoué devant Sébastopol; elle réussit devant Canton. L'expédition de Crimée lui avait coûté de l'or; l'expédition de Chine lui en donna, et le traité de Tien-tsin fut signé.

J'ai cherché à mettre en lumière, par des faits souvent répétés, ce dernier ordre d'idées qu'il ne faut pas perdre de vue. L'Angleterre est un peuple de marchands, pour qui la moralité d'une cause réside toujours dans les chiffres du résultat. Elle veut de l'argent et des débouchés. En Chine, les débouchés sont lents à établir; je crois même qu'avant longtemps on ne les verra pas s'ouvrir. Le vieux peuple que je viens de peindre ne se soucie pas plus de nos produits que de notre civilisation; nous les lui vendons cher, quand chez lui tout est à vil prix; ils ne conviennent ni à ses goûts, ni à ses besoins. C'est dommage : quatre cents millions de consommateurs feraient un beau marché pour Manchester! Mais à défaut de débouchés, il y a de l'argent, d'immenses réserves métalliques qui viennent de tous les points du globe, toutes les vieilles piastres espagnoles ont été absorbées. C'est maintenant le tour des dollars

américains (1). Cette exportation du numéraire est incessante, et elle tient à une cause toute simple; la Chine
produit plus qu'elle ne consomme; l'Europe lui prend
plus qu'elle ne lui donne; et la différence, une différence annuelle de plus de cent millions, se paye en
argent qui ne rentre jamais dans la circulation. L'Angleterre le sait comme tout le monde, seulement elle
en profite mieux que tout le monde. Elle sait que la
Chine est solvable, qu'elle paye comptant, quand on la
rançonne; qu'une expédition coûtera tant, rapportera
tant; que les recettes l'emporteront toujours sur les dépenses; que si la guerre est inique, elle se solde en
bons bénéfices; et l'on va tirer le canon (2).

J'ai exposé de même par quel concours de circon-

---

(1) Les Chinois ne veulent pas d'or. Ils n'ont admis pendant longtemps, en fait de numéraire étranger, que les anciennes piastres espagnoles à l'effigie de Charles III et Charles IV, dont la prime, un moment, s'est élevée à l'énorme proportion de 55 p. 100. Alors la
contrefaçon et la fraude anglo-américaines s'en mêlèrent et les décré-
ditèrent tout à coup. Aujourd'hui, les dollars du Méxique sont la
seule monnaie étrangère que les Chinois acceptent dans leurs transactions.

(2) On lisait tout dernièrement dans le *Morning-Advertiser* :

« Les espérances conçues de réaliser de beaux bénéfices, en échan-
geant contre les produits de la Chine des produits de Manchester, sont
déçues. Il n'y a pas là à se fier aux traités avec les Chinois, et il est
évident qu'une extension du commerce de ce côté ne peut être conquise que par les armes, au prix de grands sacrifices de sang et d'or. »

stances, la France s'était trouvée mêlée à cette dernière campagne. Y avait-elle beaucoup d'intérêt? J'en doute. En 1855, notre commerce n'était représenté, dans les cinq ports, que par dix-sept navires, jaugeant à peine 6000 tonneaux. Croyait-elle servir la cause du catholicisme? Je viens de dire ce que j'en pensais. Allait-elle chercher de la gloire? Ce n'est pas en Asie que la France en va chercher. Poursuivait-elle le but pratique de l'Angleterre? Poser cette question, c'est la résoudre; notre honneur est là pour répondre. Alors, qu'allait-elle y faire!

Terminons.

Toujours en marchant pas à pas, je suis arrivé aux événements du 25 juin, à ce qu'on a appelé le guet-apens du Pé-ho. J'ai reproduit la lettre de M. de Chassiron, et, cette lettre à la main, j'ai demandé où était la provocation.

J'ai montré le rôle secondaire de la France, si bien déterminé par la lettre dont il s'agit, et je l'ai isolée du débat, parce que dans ma pensée, elle l'est entièrement.

Il me reste à rappeler le point de départ de la question qui vient d'être soulevée; l'admission à Pé-king de ministres plénipotentiaires.

Ici, je ne crains pas de le dire, les difficultés sont in-
surmontables et pour arriver à ce résultat, il faudra renverser bien d'autres barrières que les estacades du
Pé-ho. La fiction européenne d'un ambassadeur qui représente son souverain, l'idée même d'un ministre plénipotentiaire traitant d'égal à égal avec les ministres de
l'Empire, résidant dans la capitale pour y protéger les
intérêts de ses nationaux, rien de tout cela ne sera
jamais compris par le gouvernement chinois. C'est en
dehors de tous ses usages, de toutes ses traditions, et
ce qui est plus grave, c'est contraire aux rites de la monarchie. L'Empereur le voulût-il, comprît-il qu'il faut
compter avec nous, dans ma conviction, il ne le pourrait pas et la dynastie tartare, déjà ébranlée, succombe-
rait devant l'indignation publique. Admettez que je me
trompe, qu'il parvînt à faire accepter une innovation
sans précédents, telle serait la position d'un ministre
européen que mieux vaudrait n'en pas avoir. Entouré
de soupçons, méprisé de tout le monde, il se trouverait
en présence d'indestructibles préjugés. Nul ne verrait
un personnage important dans un homme assez malheureux pour vivre si loin de son pays; avec les idées
chinoises, on ne verrait en lui qu'un exilé ou un espion.
Mille obstacles, toujours plausibles, toujours habilement

suscités, toujours rejetés sur les exigences du cérémonial, l'empêcheraient de communiquer avec l'Empereur; il n'en serait pas plus loin, s'il résidait à Canton,
à Ning-po, où à Chang-haï. Il essayerait d'abord de
transiger, d'obtenir quelques concessions, de tourner
quelques-uns de ces obstacles; puis, il viendrait un moment où la dignité de son mandat, autant peut-être
que sa dignité d'homme, le condamneraient à une rup-
ture. Alors tout serait à refaire; d'inévitables conflits
entraîneraient d'infaillibles hostilités et au lendemain
d'une expédition, il faudrait en recommencer une autre.

Mais les traités, me dira-t-on, les traités qu'on a signés? Les traités? on en signera toujours, et on ne les
exécutera jamais. On souscrira à toutes les conditions,
quand elles seront dictées au bruit du canon, sauf à ne
pas les remplir, quand l'ennemi ne sera plus là. Peut-
être est-ce un peu barbare, mais ce sont les mœurs de
l'Asie. C'est aussi la ressource du faible contre les ar-
guments du plus fort.

XII

La guerre.

Et maintenant, ferons-nous la guerre?

Il est, je le sais, une école qui, se fondant sur le principe de l'expansion illimitée des races européennes, sur les nécessités de l'industrie moderne, sur un mouvement général difficile à arrêter, fait assez bon marché de ses conséquences, du juste et de l'injuste, du droit des gens et de l'autonomie des peuples. Pour les disciples de cette école, la civilisation n'est pas la colonne de feu qui marchait devant les Hébreux, c'est l'incendie qui détruit tout et qui doit tout détruire; c'est une force toujours agissante, féconde pour qui sait l'employer, fatale à qui lui résiste; c'est une moitié du genre humain rendue tributaire de l'autre moitié. A ceux-là je n'ai rien à dire.

Mais il est une autre école plus soucieuse de l'éternelle justice et du principe fondamental des sociétés chrétiennes. Pour elle, la civilisation est un missionnaire, et c'est en éclairant qu'elle doit marcher ; ce n'est pas l'incendie, c'est la lumière. Il n'existe pas deux balances, l'une à notre usage, l'autre à l'usage de qui nous gène ; il n'y a qu'une morale comme il n'y a qu'une vérité. Cette école, quoi qu'on en dise, je la crois nombreuse en France, ou la France ne serait pas ce qu'elle est.

Que nous demande la Chine ? Elle nous demande la paix, rien que la paix, toujours la paix. Elle demande à rester chez elle ; sa prospérité intérieure, son repos de trente siècles et sa calme activité lui suffisent. Elle est heureuse avec ce qu'elle a, et ne nous envie point ce que nous avons. Pourquoi vouloir le lui imposer, quand aucun intérêt ne nous y pousse ? Pourquoi faire un *casus belli* de cette question d'ambassadeurs, impossible dans la pratique, sans utilité dans l'application ? Nous avons les cinq ports : N'est-ce pas assez pour nos dix-sept navires ? Laissons-le donc en repos, ce vaste empire qui se suffit à lui-même ; laissons nos dix-sept navires débarquer tranquillement leurs six mille tonneaux, et, s'il nous faut une satisfaction dans les circonstances actuelles, ne repoussons point les combinaisons pacifiques que trouvera certainement la féconde diplomatie, pourvu toutefois que le foreign-office ne soit pas chargé des négociations.

Mais nous avons eu des morts et des blessés dans cette malheureuse affaire du Pé-ho! La dignité de la France n'exige-t-elle pas une réparation éclatante?

J'ai déjà dit précédemment que je ne croyais point l'honneur de la France engagé dans ce conflit déplorable, où l'un des secrétaires de notre ambassade définit si bien le rôle qu'elle a joué. Je pourrais ajouter, qu'entre la France et la Chine, une question d'intérêts semble plus facile à comprendre qu'une question de dignité internationale; mais si cette question devait être posée; si l'on voulait faire maintenant aux *barbares* l'honneur de les traiter en Européens, alors, je demanderais loyalement si c'est bien le pavillon anglo-français qui serait l'insulté, dans le cas d'un conflit analogue entre nations de l'Europe, et si ce serait bien aux agresseurs à se croire obligés d'obtenir une éclatante réparation.

Enfin, si, par un amour-propre national exagéré, selon moi, nous nous croyons obligés de verser encore du sang, discutons sérieusement les éventualités de la guerre que nous irons chercher.

Sera-ce une guerre de côtes? Celle-là sera facile assurément. Nous brûlerons des villes, nous ruinerons des populations entières, nous occuperons encore l'île de Chou-san ou toute autre; puis, il arrivera ce qui est arrivé: pour nous éloigner, on traitera; on payera, comme payaient nos pères, au temps où les Normands remontaient la Seine. Nous y gagnerons quelques millions de dollars, mais y gagnerons-nous beaucoup de prestige? avancerons-nous beaucoup la cause de la civilisation? Et quand nous nous retirerons, car nous ne songeons pas à occuper la Chine, je suppose, empêcherons-nous la Cour d'annoncer à tout l'Empire que les « pirates étrangers » ont fui devant son « invincible armée? »

Sera-ce, au contraire, une campagne de terre, une véritable guerre d'invasion? Ici la question change; nous nous trouvons en présence des plus sérieuses difficultés, et pour les envisager comme elles méritent de l'être, il est nécessaire de bien comprendre l'état du pays.

Servie par des agents corrompus, la dynastie tartare est en pleine décadence; mais le peuple n'a rien perdu de sa vitalité. A défaut de fanatisme religieux, il a le fanatisme de ses institutions; cause première, peut-être, de cette insurrection formidable qui tient en échec les forces de la monarchie, et qui arbore le drapeau des Ming comme un symbole de son amour du passé. Ainsi sont tombées, dès les premiers temps de l'histoire chinoise, les dynasties des Hia et des Chang; ainsi tombera probablement la dynastie Mantchoue. Placé entre nos exigences et les préjugés de ses peuples, entre la guerre étrangère et l'insurrection, l'Empereur actuel se trouve dans la situation la plus critique. Vis-à-vis de nous, il cherche à gagner du temps, à échapper aux engagements contractés, afin de conserver son prestige vis-à-vis de ses sujets. Qu'on l'oblige à faire la guerre, il pourra la faire avec énergie, sachant qu'il a derrière lui le vieux patriotisme chinois.

Un spirituel orientaliste a proposé, dans un remarquable travail, d'appuyer l'insurrection de Nan-king, de rejeter la dynastie tartare au delà de la grande muraille, et de rétablir à Pé-king une dynastie nationale qui serait notre alliée (1). D'après ce que je connais du caractère chinois, cette combinaison, si ingénieuse qu'elle puisse être, me semble difficilement réalisable. Ou je me trompe fort, ou nous rencontrerions des ennemis acharnés dans les deux camps, et chez les impériaux comme chez les rebelles, la même horreur de l'étranger.

---

(1) *La question chinoise*, par L. Léon de Rosny. (*Revue de l'Orient.*)

Le soulèvement serait général. Et, qu'on le remarque bien, le peuple de la Chine n'est pas celui de l'Inde ; ce ne sont pas ces races efféminées, sans cohésion, divisées de castes et d'intérêts; c'est un peuple actif, compacte, d'une force musculaire supérieure à la nôtre, endurci aux plus rudes travaux, et d'autant plus susceptible de résistance qu'il ne se croira jamais vaincu. D'un autre côté, l'Empereur dispose de troupes nombreuses, et, sans les comparer aux nôtres, il faut cependant songer qu'elles s'élèvent, en temps de paix, à plus de 740 000 hommes, dont 175 000 de cavalerie. L'armée se divise en quatre corps. Le premier, de 67 800 hommes, est composé de Mandchoux, troupes d'élite qui jouissent de grandes prérogatives; le second, de 21 000 hommes, se recrute parmi les Mongols; le troisième, de 27 000 hommes, est formé de Chinois établis en Mantchourie; le quatrième, enfin, se compose de Chinois aborigènes au nombre de 625 000 hommes environ.

Quel est maintenant le pays dans lequel il s'agit de s'engager? je ne saurais le comparer qu'à la Hollande. Toutes les communications se font par eau. Il est sillonné de fleuves immenses et de rivières sans nombre; des milliers de canaux le coupent en tous sens et une administration spéciale est chargée d'en surveiller l'entretien. Un système d'écluses permet de faire passer les eaux de l'un dans l'autre, de les remplir ou de les vider, comme aussi d'inonder à volonté des étendues de pays considérables. Ce moyen de défense a été employé plusieurs fois. Point de routes; quelques sentiers seulement pour les piétons. L'Empire compte 2000 places d'armes, divisées en six classes; 600 de la première, plus de 500 de la seconde, 300 de la troisième, autant de la quatrième, 150 de la cinquième et 300 de la dernière. Toutes les villes, chefs-lieux de provinces, de départements et d'arrondissements sont fortifiées, entourées de larges fossés et occupées par des garnisons.

Je suppose que nous marchions d'abord sur Pé-king. J'admets qu'après un engagement plus ou moins sérieux et quelques petits combats partiels, on arrive sous les murs de cette ville, et qu'on la prenne. Peut-être ne sera-ce point l'affaire d'un coup de main car Pé-king compte 3 000 000 d'habitants, et renferme une infinité de petites rues étroites, éminemment propres à une guerre de barricades; mais enfin, j'admets qu'on s'en empare. De deux choses l'une, ou l'Empereur traitera, ou bien il se retirera dans le Sud.

S'il traite, j'ai dit ce qu'il faut attendre et je n'ai pas

11

à y revenir. Le traité ne sera qu'une lettre morte, comme tous ceux qui ont été signés, comme tous ceux qui le seront; tout se réduisant à une contribution de guerre, qu'on payera le plus tôt possible, pour hâter la retraite de nos troupes.

Si l'Empereur se retire dans ses provinces, jusqu'où et comment le poursuivrons-nous, avec notre artillerie et nos bagages, au travers d'espaces sans fin, dépeuplés ou inondés sur un ordre du maître, de déserts ou de mers de boue; dans un pays où l'on ne trouve ni vin, ni pain, ni troupeaux; où les rizières fournissent seules à l'alimentation, et où les magasins abandonnés ne contiendront que des riz gâtés ou empoisonnés; où nous ne rencontrerons pas un espion; où le paysan nous conduira dans des embuscades, fera échouer nos canots et se laissera fusiller ensuite, le sourire sur les lèvres, avec ce mépris insouciant de la mort que l'on a constaté tant de fois; où les populations insurgées, comme les guérillas de la guerre de l'indépendance, harcelleront nos colonnes, intercepteront nos convois, couperont nos communications et massacreront impitoyablement tous les traînards et tous les détachements isolés.

Sans doute nous culbuterons l'ennemi quand nous

parviendrons à le saisir ; il nous tuera relativement peu de monde, quoique les pertes soient doublement sensibles à cinq milles lieues de nos dépôts. Mais il nous usera par le temps, par l'espace, les privations, la fatigue, le climat et les maladies, justifiant ainsi la politique de ce mandarin de Canton, qui disait à l'un de nos diplomates, M. de Méritens, après un échec sanglant dans lequel les Chinois avaient tué pourtant quelques Anglais : « Vous n'entendez rien à la guerre si vous ne comprenez pas que nous sommes les vainqueurs. En Chine, il pousse des Chinois sans nombre, mais il n'y pousse point d'étrangers. Que les choses continuent de la sorte, et bientôt, l'on n'y verra plus un Anglais. »

Nulle ressource dans le pays, des armées toujours battues, mais toujours renouvelées ; mille obstacles matériels infiniment plus redoutables que l'ennemi lui-même ; des chances de mortalité désastreuses, voilà ce qu'il faut prévoir, sous peine de cruelles déceptions.

Ce n'est donc pas un corps de 10 000 hommes qu'il s'agira d'envoyer au cœur de la Chine, si l'on se décide à y porter sérieusement la guerre, à moins qu'on ne veuille l'exposer à des chances aussi hasardeuses que l'expédition anglaise du Pé-ho. Il faut que le drapeau de la France, une fois déployé, ne puisse pas être compromis. Il faut une armée en rapport avec l'immensité du champ de bataille; il faut résolûment se préparer à de longs efforts, et s'attendre, peut-être, à ce que le sol de la Chine nous dévore autant de soldats que les tranchées de Sébastopol.

Qu'on me permette une dernière considération.

Les Anglais ont d'immenses intérêts en Chine et nous n'en avons pas. Ils n'ont point de soldats et compteront, comme en Crimée, sur les nôtres. Les sacrifices seront pour la France en raison inverse des résultats. Peut-être y réfléchira-t-elle, avant d'épouser irrévocablement une cause qui n'est pas la sienne, qui ne répond ni à ses instincts, ni à ses idées, et qui ne lui promet, en définitive, que des désastres sans gloire ou des victoires sans profit.

TABLE DES MATIÈRES.

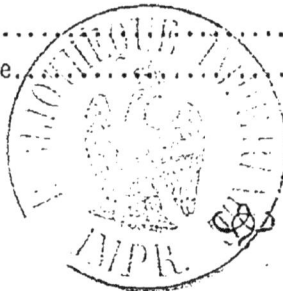

www.ingramcontent.com/pod-product-compliance
Lightning Source LLC
Chambersburg PA
CBHW050004100426
42739CB00011B/2496